Dr. med. Klaus Undeutsch
Oliver Kohl

Abwechslungsreiche Diät bei Bluthochdruck

Dr. med. Klaus Undeutsch
Oliver Kohl

Abwechslungsreiche Diät bei
Bluthochdruck

Unter Mitarbeit von
Lena Brax und Marion Zerbst

 TRIAS

Die Deutsche Bibliothek – CIP-Einheitsaufnahme
Undeutsch, Klaus:
Abwechslungsreiche Diät bei Bluthochdruck / Klaus Undeutsch ; Oliver Kohl. - Stuttgart : TRIAS, 1999
(TRIAS abwechslungsreiche Diät)

Konzeption und Projektleitung: Werner Waldmann
Lektorat: Vera Olbricht
Redaktion: Elisabeth Meyer zu Stieghorst-Kastrup
Wissenschaftliche Beratung: Dipl. oecotroph. Susanne Beilschmidt, Diätassistentin Gudrun Graffmann
Research: Heike Böckmann
Fooddesign: René Schulte
Korrektur: Andrew Leslie
Illustrationen und DTP: Dr. Katrin Beyer
DTP-Supervisor: Bernd Hirschmeier
Umschlaggestaltung: Cyclus · D+P Loenicker, Stuttgart
Produktion: WZ Media, Stuttgart
Reproduktion: Digital Data Service Lenhard, Stuttgart
Druck: Westermann Druck, Zwickau
Fotos: Cover vorne: Peter Thul, Cover hinten: Ketchum; im Buch: Deutsches Teigwaren Institut (S. 112/113, 141); Ketchum (S. 78/79, 151); Köllnflockenwerke (S. 73, 144); WZ Media (S. 68/69, 71, 76, 82, 85, 90/91, 95, 102/103, 104, 107, 109, 116, 121, 128, 135, 149, 152/153, 154, 157, 159, 161, 164/165, 167, 170)

© 1999 Georg Thieme Verlag
Rüdigerstraße 14
D-70469 Stuttgart

ISBN 3-89373-491-0

Wir danken dem Unternehmen Hoffmann-La Roche für die freundliche Unterstützung.

Leserservice

Wenn Sie Fragen oder Anregungen
zu diesem Buch haben, schreiben Sie uns!

TRIAS Verlag
Postfach 30 11 07, D-70451 Stuttgart

Nachspeisen

Backwaren

Register

Zu diesem Buch

Die unerkannte Volkskrankheit – so könnte man Bluthochdruck auch bezeichnen. Denn viele Menschen haben einen zu hohen Blutdruck, wissen aber gar nichts davon. Wenn ihnen die Sprechstundenhilfe beim Arzt den Blutdruck misst und der Arzt ihnen anschließend mitteilt, dass es besser wäre, etwas gegen den hohen Blutdruck zu unternehmen, sind viele Patienten erstaunt, dass gerade sie gesundheitliche Probleme haben sollen. Schließlich kann man mit Bluthochdruck leben, ohne auch nur im Geringsten etwas davon zu merken – Leistungsfähigkeit und Lebensqualität sind dadurch häufig in keiner Weise eingeschränkt. Dennoch sollte jeder, der unter hohem Blutdruck leidet (oder auch nicht „leidet"), etwas dagegen unternehmen. Bluthochdruck kann nämlich gravierende Folgeerkrankungen nach sich ziehen.

Als Folge von hohem Blutdruck kann sich beispielsweise eine Arteriosklerose entwickeln – eine gefährliche Verengung der Blutgefäße durch Einlagerung von Fett und Kalk, im Volksmund auch „Verkalkung der Arterien" genannt. Schlimmstenfalls kann es nach längerem Bestehen des Bluthochdrucks zu einem Herzinfarkt oder Schlaganfall kommen – nicht selten mit tödlichem Ausgang. Deshalb sollte man die Diagnose „Bluthochdruck" nie auf die leichte Schulter nehmen.

Zum Glück ist es aber durchaus möglich, gegen den Bluthochdruck vorzugehen – sowohl mit Medikamenten als auch durch eine Umstellung der Lebensgewohnheiten. Durch richtige Ernährung kann man beispielsweise eine Menge dazu beitragen, den Blutdruck zu senken. Genauso können gezielte Maßnahmen gegen beruflichen Stress und private Belastungen helfen, das Leiden Bluthochdruck in den Griff zu bekommen. Dieses Buch will Ihnen dabei helfen und Ihnen die – vielleicht manchmal ein wenig schwierige – Änderung lieb gewonnener Gewohnheiten erleichtern.

Zu Anfang dieses Buches erhalten Sie eine kleine Einführung, wie unser Blutkreislauf funktioniert. Schließlich sind ein paar – leicht verständliche – Grundkenntnisse über die Vorgänge in unserem Körper nicht nur für das Gespräch mit dem Arzt hilfreich. Sie werden Ihnen auch deutlich machen, warum es so wichtig ist, etwas gegen Ihren Bluthochdruck zu unternehmen.

Im Anschluss daran erfahren Sie, wann man von einem normalen, einem leichten oder mittelschweren bis schweren Bluthochdruck spricht – die Mediziner machen da nämlich große Unterschiede, und das aus gutem Grund: Je schwerwiegender der Bluthochdruck, umso größer ist das Risiko einer Folgeerkrankung. Außerdem erfahren Sie, woran Sie selbst erkennen können, ob Sie unter Bluthochdruck leiden. Selbst wenn manche Menschen es nicht merken oder merken wollen, dass ihr Blutdruck dauerhaft zu hoch ist, gibt es doch einige Indizien, die auf einen erhöhten Blutdruck hindeuten. Wenn Sie stärker auf diese Anzeichen achten, lernen Sie sich selbst besser kennen und können nach einer Weile vielleicht sogar feststellen, in welchen Situationen der Blutdruck steigt oder fällt.

Außerdem informiert dieses Buch Sie natürlich auch über die Vielzahl der Ursachen für Bluthochdruck und darüber, was unter primärem und sekundärem Bluthochdruck zu verstehen ist. Hoher Blutdruck ist nämlich multifaktoriell bedingt, d. h., es gibt nicht nur einen Auslöser für Hypertonie (so wird der Bluthochdruck auch genannt), sondern es kommen im Regelfall mehrere zusammen. Anschließend werden die möglichen Folgen des hohen Blutdrucks (z. B. Herzinfarkt und Schlaganfall) behandelt.

Weiterhin erfahren Sie, wie der Arzt Bluthochdruck diagnostiziert, wie Sie selbst Ihren Blutdruck regelmäßig messen können und wie die medizinische – d. h. vor allem die medikamentöse – Behandlung bei Bluthochdruck aussieht. Sie werden über Wirkungen und mögliche Nebenwirkungen der am häufigsten eingesetzten Arzneimittel informiert. Aber vielleicht interessiert es Sie ja noch viel mehr, was Sie selbst gegen Hypertonie tun können. Deshalb nimmt dieses Thema einen besonders breiten Raum in unserem Buch ein. Da Sie Ihren Blutdruck vor allem durch eine Umstellung der Ernährung senken können, erhalten Sie eine besonders große Anzahl wertvoller Ernährungs-Tipps.

Damit es Ihnen nicht schwer fällt, Ihre Ernährung ein wenig umzustellen, finden Sie schließlich jede Menge Rezepte, die nicht nur äußerst schmackhaft und einfach zuzubereiten sind, sondern vor allem dazu beitragen können, den Blutdruck zu senken. Die Gerichte sind so konzipiert, dass sie auch dem Rest der Familie und eventuellen Gästen bestimmt mehr als nur gut schmecken werden.

Sie werden sehen: Es ist gar nicht schwierig, beim Kochen ein bisschen mehr auf die Gesundheit zu achten! Guten Appetit!

Dr. med. Klaus Undeutsch
Oliver Kohl

Der Blutkreislauf

Damit alle Zellen des menschlichen Körpers ihre Funktion erfüllen können, müssen sie mit Sauerstoff und Nährstoffen versorgt werden, die ihnen die nötige Energie für ihre Tätigkeit liefern. Ohne eine dauerhafte Versorgung würden alle Organe des Körpers innerhalb kürzester Zeit ihre Funktion einstellen. Der Blutkreislauf ist dafür verantwortlich, dass den Zellen ununterbrochen Sauerstoff und Nährstoffe zugeführt werden – egal, ob wir uns körperlich anstrengen oder schlafen. Beteiligt an der Aufrechterhaltung des Blutkreislaufs sind sowohl das Herz als auch die Lunge und natürlich die Adern, durch die das Blut gepumpt wird, die Arterien und Venen. Herz und Blutgefäße sind unter anderem dafür zuständig, mit welchem Druck das Blut durch die Arterien gepumpt wird. Diesen Druck bezeichnet man auch als Blutdruck.

Der Blutkreislauf – ein effektives Versorgungssystem

Der gesamte menschliche Körper ist von einem Netz größerer und kleinerer Blutgefäße durchzogen. Die großen Blutgefäße verzweigen sich immer mehr, sodass schließlich zu allen Körperzellen Blutgefäße führen. Die feinsten unter ihnen bezeichnet man als Kapillaren oder Haargefäße. Das größte Blutgefäß des Körpers hingegen ist die Aorta, die Hauptschlagader.

Vom Herzen gelangt sauerstoff- und nährstoffreiches Blut in die Aorta, das von dort in das Blutgefäßnetz hin zu den Kapillaren transportiert wird. Über diese Kapillaren findet ein Austausch mit den Körperzellen statt: Während die Kapillaren ihnen Sauerstoff und Nährstoffe liefern, geben die Zellen Kohlendioxid und Abfallprodukte, die durch die Umwandlung von Nahrung in Energie entstanden sind, an die Kapillaren und damit an das Blut ab. Das nun sauerstoff- und nährstoffarme Blut gelangt durch die Kapillaren wiederum in größere Blutgefäße, die in Richtung Herz führen, und schließlich in die Hohlvene, die das verbrauchte Blut ins Herz – genauer in die rechte Herzseite, bestehend aus Herzvorhof und -kammer – leitet. Von dort aus wird es durch die Lunge gepumpt, die das Kohlendioxid (und auch einen Teil der Abfallprodukte) an die Atemluft abgibt und das Blut wieder mit Sauerstoff anreichert. Von der Lunge aus fließt das Blut ins Linksherz, von wo aus es erneut in die Aorta gepresst wird. Die Blutgefäße, die vom Herzen weg führen, werden als Arterien bezeichnet, die Gefäße, die das verbrauchte Blut zum Herzen leiten, werden Venen genannt.

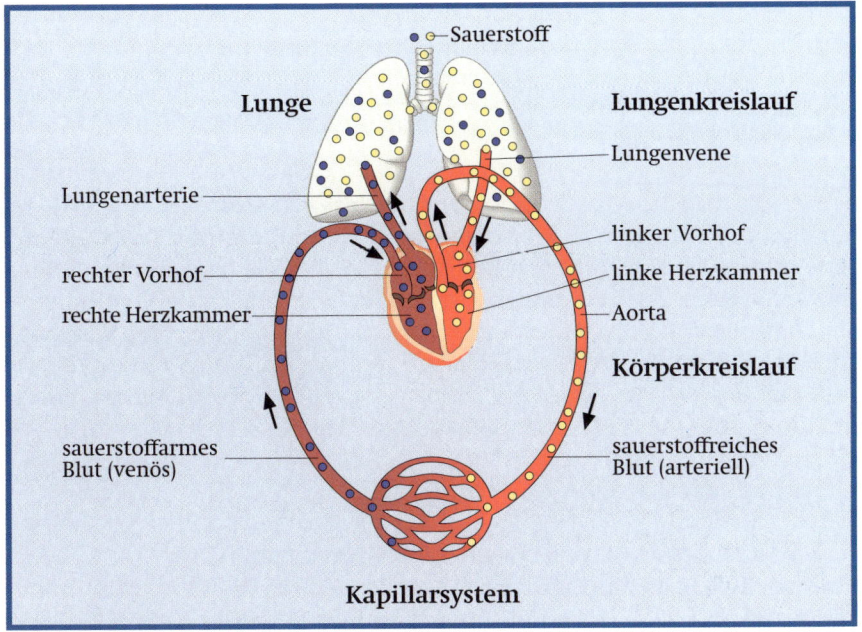

Das Herz – Zentrum des Blutkreislaufs

Damit das Blut durch die Arterien strömen kann, ist ein „Motor" notwendig, der es durch die Blutgefäße pumpt. Die Rolle dieses Motors – oder besser dieser Pumpe – übernimmt das Herz. Das Herz besteht aus zwei Herzkammern und zwei Vorhöfen. Nach ihrer Lage im Körper werden sie rechter und linker Vorhof und rechte und linke Herzkammer genannt. Voneinander getrennt sind Vorhof und Kammer jeweils durch eine Herzklappe. Die linke Herzseite ist dafür zuständig, das Blut in die Aorta zu pumpen, die rechte Herzseite nimmt das verbrauchte Blut aus der Hohlvene auf und leitet (pumpt) es in die Lunge weiter.

Damit das Blut weitertransportiert wird, muss sich das Herz zusammenziehen und somit Druck auf das Blut ausüben. Die Kontraktion des Herzens vollzieht sich jedoch nicht in einem Schritt, sondern in zwei Schritten: Ist der Herzmuskel nahezu entspannt, kann verbrauchtes Blut aus der Hohlvene in den rechten Vorhof und frisches, sauerstoffangereichertes Blut aus der Lunge in den linken Vorhof fließen. Sind die beiden Vorhöfe nun mit Blut gefüllt, ziehen sie sich leicht zusammen, worauf sich die Herzklappen öffnen, die Vorhöfe und Herzkammern voneinander trennen. Die Herzkammern laufen daraufhin mit Blut voll. Jetzt spannen sich die Muskeln der Herzkammern an und ziehen sich zusammen, um das Blut aus den Kammern herauszudrücken und es (je nach

Herzkammer) in die Aorta bzw. die Lunge zu pumpen. Die Stärke des Drucks, der vom Herzen dabei auf das Blut ausgeübt wird, bezeichnet man als Blutdruck.

Von Systole und Diastole

Der Blutdruck selbst wird in zwei Schritten gemessen: Die Phase, in der die Herzkammern sich zusammenziehen und das Blut in Aorta und Lunge pressen, wird als Systole bezeichnet. Bei der Blutdruckmessung ist die Systole der erste (höhere) Wert, der angegeben wird. Wenn sich der Herzmuskel nun wieder entspannt und die Kammern mit Blut voll laufen, wird der zweite Blutdruckwert genommen: die so genannte Diastole, die unter dem ersten Wert liegt. Angegeben werden diese Werte in Millimeter Quecksilbersäule, abgekürzt mm Hg.

Der Blutdruck: abhängig von vielen Faktoren

Die Höhe des Blutdrucks ist nicht allein davon abhängig, mit welcher Kraft das Herz das Blut in die Gefäße drückt; auch die Blutgefäße selbst bestimmen über die Höhe des Blutdrucks mit. Je größer der Widerstand der Blutgefäße ist, wenn das Blut durch sie hindurchströmt, umso höher ist auch der Blutdruck.

Der Widerstand der Blutgefäße – und damit auch der Blutdruck – ist immer dann besonders hoch, wenn die Blutgefäße eng gestellt sind. Die Blutgefäße sind nämlich keine starren Röhren, die ständig dieselbe Weite besitzen, sie können sich je nach den Anforderungen des Körpers verengen oder weiten. Beispielsweise bewirken die Hormone, die der Körper bei Stress oder Angst ausschüttet, dass sich die Blutgefäße verengen – die Folge: Der Blutdruck erhöht sich. Beruhigt man sich wieder, sinkt auch der Blutdruck ab, weil sich die Blutgefäße weiten. In Ruhephasen (z. B. im Schlaf oder bei Entspannung) ist deshalb der Blutdruck stets niedriger als bei körperlicher Anstrengung oder Aufregung. Der Grund, warum gerade in Belastungssituationen der Blutdruck steigt: Die Organe verbrauchen in diesen Situationen mehr Energie und mehr Sauerstoff als sonst. Es muss daher mehr sauerstoff- und nährstoffreiches Blut zu den Zellen gepumpt werden, damit eine optimale Versorgung gewährleistet ist. Es ist also ganz normal, wenn sich die Höhe des Blutdrucks im Verlauf eines Tages mehrfach ändert.

Auch die Kalziumversorgung der Zellen und Nervenimpulse, die nicht willkürlich steuerbar sind, beeinflussen neben bestimmten Hormonen die Höhe des Blutdrucks. Genauso die Nieren, die unter anderem bei starkem Blutdruckabfall bestimmte Stoffe bilden, die dafür sorgen, dass der Blutdruck wieder steigt.

Bluthochdruck – was ist das eigentlich?

Von hohem Blutdruck sprechen die Mediziner erst, wenn der Blutdruck über einen längeren Zeitraum bestimmte Werte überschreitet. Diese Werte wurden von der Weltgesundheitsorganisation (WHO) festgelegt. Die WHO hat den Bluthochdruck zudem in verschiedene Schweregrade eingeteilt – abhängig von bereits bestehenden Folgeschäden des Bluthochdrucks.

Ein beim ein- oder mehrmaligen Messen erhöhter Blutdruck muss jedoch noch nicht gleichbedeutend mit Bluthochdruck sein – erst wenn der Blutdruck bei regelmäßigen Messungen über einen Zeitraum von 24 Stunden oder über mehrere Tage gleich bleibend hoch ist, kann man von zu hohem Blutdruck sprechen. Mit dem Alter steigt der Blutdruck im Übrigen häufig an. Dies hat verschiedene Ursachen; dennoch sollte

---

Wann ist der Blutdruck zu hoch?

● **Normaler Blutdruck:**
systolischer Blutdruck: 140 mm Hg
diastolischer Blutdruck: unter 90 mm Hg

● **Grenzwerte für den Blutdruck:**
systolischer Blutdruck: zwischen 140 und 160 mm Hg
diastolischer Blutdruck: zwischen 90 und 95 mm Hg

● **Bluthochdruck:**
systolischer Blutdruck: über 160 mm Hg
diastolischer Blutdruck: über 95 mm Hg

● **Schwere des Bluthochdrucks:**
Grad I: keine Schäden an den Organen
Grad II: leichte Verdickung des Herzmuskels und/oder leichte Einschränkung der Nierenfunktion
Grad III: u. a. Einschränkung der Herz- und/oder Nierentätigkeit, Veränderungen an den Blutgefäßen des Gehirns, Durchblutungsstörungen der Beine

---

auch bei einem über 65 Jahre alten Menschen der systolische Wert nicht über 140 mm Hg liegen. Doch im Einzelfall kann nur der Arzt entscheiden, ob Bluthochdruck vorliegt.

Untersuchungen zufolge leiden etwa 20 % der unter 50-Jährigen und sogar bis zu 40 % der über 50-Jährigen unter Bluthochdruck, doch längst nicht allen Betroffenen ist dies bekannt. Das ist nicht verwunderlich, denn zu hoher Blutdruck muss nicht zwangsläufig zu gesundheitlichen Beschwerden führen. Die Betroffenen fühlen sich oft wohl in ihrer Haut und wissen nicht, dass in ihrem Inneren „eine Zeitbombe tickt", denn dauerhaft bestehender hoher Blutdruck kann den Körper anhaltend schädigen. Beispielsweise steigt dabei die Gefahr für einen Herzinfarkt.

Es gibt einige Indizien, die auf Hypertonie hindeuten können: Wenn z. B. beide Eltern oder auch nur ein Elternteil unter Bluthochdruck leiden, sollte man in regelmäßigen Abständen (wenigstens einmal im Jahr, besser öfter) vom Arzt den Blutdruck messen lassen, denn die Veranlagung für Bluthochdruck ist zumindest teilweise erblich. Wer nicht zum Arzt gehen möchte, kann die Blutdruckmessung auch in der Apotheke durchführen lassen. Die paar Pfennige, die eine solche Messung kostet, sind – nicht nur für erblich Vorbelastete – in jedem Fall gut investiert.

Auch manche körperlichen Beschwerden – z. B. Herzklopfen und Schwindelgefühl, oft auch plötzliche Schweißausbrüche – lassen auf überhöhten Blutdruck schließen. Sind infolge der Hypertonie bereits körperliche Folgeschäden – beispielsweise Herzprobleme – aufgetreten, kann es u. a. schon bei nur geringer körperlicher Anstrengung zu Atemnot kommen. Auch Kopfschmerzen, häufiges, unerklärliches Nasenbluten oder ein Rauschen in den Ohren sowie Schwierigkeiten beim Sehen deuten möglicherweise auf Bluthochdruck bzw. seine Folgeerkrankungen hin. Bei all diesen Beschwerden sollte man schnellstmöglich zum Arzt gehen und die Ursachen klären lassen. Vergessen Sie bitte nicht, ihn darauf hinzuweisen, dass er auch Ihren Blutdruck messen soll, falls das nicht schon automatisch geschehen ist.

Bluthochdruck und seine zahlreichen Ursachen

Auf eine einzige Ursache lässt sich Bluthochdruck so gut wie nie zurückführen; in der Regel sind es verschiedene Faktoren, die eine Hypertonie bedingen können. Welche den Ausschlag für den Bluthochdruck geben, ist meistens nicht klar. Diese Form der Hypertonie, bei der keine eindeutige Ursache festzustellen ist und keine Erkrankung vorliegt, auf die der Hochdruck zurückzuführen ist, wird als „primärer" oder „essenzieller" Bluthochdruck bezeichnet. Die meisten Menschen leiden unter dieser Form der Hypertonie.

Faktoren, die Bluthochdruck begünstigen

Einer der Risikofaktoren für Bluthochdruck ist Übergewicht – je stärker das Normalgewicht überschritten wird, umso mehr steigt auch das Risiko für Bluthochdruck. Deshalb ist es so wichtig, Übergewicht vorzubeugen.

Nicht nur ein Zuviel an Nahrung kann die Entstehung von Bluthochdruck begünstigen, auch die Art und Weise, wie man sich ernährt, trägt zu Hypertonie bei. So ist inzwischen klar, dass ein zu hoher Kochsalzkonsum Bluthochdruck mitverursachen kann. (Die meisten Menschen ernähren sich zu kochsalzreich.) Auch der übermäßige Konsum von Alkohol lässt den Blutdruck ansteigen. Bereits der tägliche Konsum von mehr als einem Liter Bier oder einem halben Liter Wein kann bei Männern Gesundheitsschäden, darunter Bluthochdruck, hervorrufen. Frauen vertragen Alkohol im Allgemeinen schlechter als Männer, weshalb schon die Hälfte dieser Menge genügt, um körperliche Schäden zu verursachen.

Auch Bewegungsmangel begünstigt die Entstehung von Bluthochdruck. Und das reinste Gift für unseren Blutdruck ist Stress: In belastenden oder aufregenden Situationen schüttet der Körper nämlich Hormone aus, die unter anderem dazu beitragen, den Blutdruck zu erhöhen. Durch körperliche Betätigung oder Entspannung werden diese Hormone abgebaut; der Blutdruck sinkt wieder ab. Leider gibt es heute viele Menschen, die unter anhaltenden Belastungen, unter Dauerstress, leiden – sowohl im beruflichen als auch im privaten Bereich. Die Hormone bleiben über längere Zeit im Körper. Anhaltender Stress, der nicht abgebaut wird, kann – so meinen die Mediziner heute – zur Entstehung von Hypertonie mit beitragen.

Neben der erblichen Veranlagung zu Bluthochdruck gibt es noch einen weiteren Faktor, der eine Rolle bei der Entstehung von Bluthochdruck spielen kann: das Alter. Mit zunehmendem Alter steigt im Regelfall der Blutdruck, zumindest der systolische Wert, an, manchmal allerdings über das „gesunde" Maß hinaus – nicht zuletzt, weil im Alter oft noch andere Risikofaktoren für Bluthochdruck hinzukommen, z. B. sind viele ältere Menschen übergewichtig und bewegen sich nur selten.

In etwa zehn Prozent aller Fälle von Bluthochdruck liegt eine „sekundäre" Hypertonie vor. Das heißt, der Bluthochdruck ist Folge einer Krankheit; in manchen Fällen kann hoher Blutdruck jedoch auch durch Medikamente, die z. B. gegen eine chronische Krankheit eingesetzt werden, hervorgerufen werden – auch dann sprechen Mediziner häufig von einer sekundären Hypertonie. Eine Krankheit, die Bluthochdruck nach sich zieht, muss in jedem Fall ausgeschlossen sein, bevor der Arzt eine primäre (oder auch essenzielle) Hypertonie diagnostiziert.

Gesundheitsrisiko hoher Blutdruck

Bei anhaltendem Bluthochdruck werden die Blutgefäße dauerhaft geschädigt. Die Folge ist eine fortschreitende Verengung und Verhärtung der Arterien, auch Arteriosklerose genannt. Als Folge der Arteriosklerose kann es wiederum zu Herz-Kreislauf-Erkrankungen wie Herzinfarkt und Schlaganfall kommen.

Die Entstehung von Arteriosklerose

Wenn das Blut mit einem höheren Druck durch die Arterien gepresst wird, kann es zu kleineren Verletzungen der Gefäßinnenwände kommen. An diesen kleinen Wunden lagern sich Fettstoffe aus der Nahrung (Triglyzeride), Cholesterin (eine fettähnliche Substanz) sowie Kalzium und Gerinnungsstoffe aus dem Blut an. Ganz allmählich vergrößern sich diese Ablagerungen, die von den Medizinern als Plaques bezeichnet werden. Die Öffnung des Blutgefäßes wird dadurch verengt. Nun muss das Herz das Blut mit noch höherem Druck durch die Gefäße pressen, sodass sich der Blutdruck bei fortschreitender Arteriosklerose in der Regel weiter erhöht.

Die Verengung der Arterien bringt es mit sich, dass manche Organe nur noch unzureichend mit Blut und damit mit Sauerstoff und Nährstoffen versorgt werden. Eine weitere Gefahr stellen Blutgerinnsel dar, die sich nicht selten genau dort bilden, wo sich auch die Ablagerungen an der Gefäßwand befinden. Diese Blutgerinnsel können die gesamte Arterie verschließen; die Organe, die durch die Arterie bislang mit Blut versorgt wurden, werden nun nicht länger durchblutet. Die Folge: Gewebe stirbt ab. Verschließt ein Blutgerinnsel eines der Herzkranzgefäße, die das Herz mit Blut versorgen, kommt es zum Herzinfarkt.

Die Arteriosklerose ist zwar Teil des normalen Alterungsprozesses und betrifft daher nahezu jeden Menschen, doch wenn keine Risikofaktoren hinzukommen, handelt es sich bei den arteriosklerotischen Veränderungen um einen schleichenden Prozess, der weiter keine Probleme hervorrufen muss. Bluthochdruck jedoch stellt – so weiß man heute – die größte Gefahr für die Entstehung und das schnelle Fortschreiten arteriosklerotischer Veränderungen in den Blutgefäßen dar. Weitere Faktoren vergrößern das Risiko für die Entstehung von Arteriosklerose noch. Zu diesen Faktoren gehören erhöhte Blutfettwerte (erhöhte Cholesterin- und Triglyzeridwerte), Rauchen, Diabetes, Gicht (erhöhte

Harnsäurewerte), Stress und zu wenig Bewegung. Erhöhte Blutfettwerte und Diabetes mellitus (Zuckerkrankheit) gehen oft mit Bluthochdruck einher, weshalb auch der Blutdruck in regelmäßigen Abständen bei Diabetes oder erhöhten Blutfettwerten genauestens kontrolliert werden sollte. Außerdem kann es infolge von arteriosklerotischen Veränderungen an den Blutgefäßen, z. B. durch hohe Blutfettwerte, auch zu einer Erhöhung des Blutdrucks kommen.

Was sind erhöhte Blutfettwerte?

Wenn wir mit der Nahrung Fettstoffe aufnehmen, sind diese hinterher auch im Blut zu finden. Je mehr Fett wir mit der Nahrung aufnehmen, umso mehr dieser Fettstoffe gelangen auch ins Blut. Zu den Fettstoffen gehören die so genannten Triglyzeride, auch neutrale Fette genannt. Leider verhalten sie sich nicht immer neutral, wenn sie sich im Blut befinden – übersteigt der Triglyzeridwert im Blut ca. 200 mg pro 100 ml Blut, können sich die Triglyzeride an den Gefäßinnenwänden absetzen und zur Verengung und Verhärtung der Arterienwände beitragen.

Die fettähnliche Substanz Cholesterin dürfte wohl fast jedem ein Begriff sein. Sie steht im Verdacht, die Entstehung von Arteriosklerose zu begünstigen. Tierische Nahrungsmittel – vor allem fettreiche – enthalten immer eine gewisse Menge Cholesterin. Unser Körper produziert ebenfalls Cholesterin, denn der Organismus benötigt eine bestimmte Menge dieser Substanz, z. B. als Grundstoff für die Herstellung von Hormonen.

Damit das Cholesterin (aber auch andere Fettstoffe) überhaupt im Blut zirkulieren kann, muss es an andere Stoffe, die so genannten Lipoproteine, gekoppelt werden. Je mehr Cholesterin aus tierischen Nahrungsmitteln die Lipoproteine transportieren, umso wahrscheinlicher ist es, dass sich Cholesterin daraus löst und an den Wänden der Blutgefäße absetzt – und damit zur Arteriosklerose beiträgt. Die Lipoproteine, die sehr viel Cholesterin enthalten, werden LDL-Cholesterin genannt (LDL = low-densitiy lipoprotein; Lipoproteine geringer Dichte). Es gibt aber auch noch andere Lipoproteine, die als HDL-Cholesterin bezeichnet werden (HDL = high-densitiy lipoprotein; Lipoproteine hoher Dichte). Diese Lipoproteine enthalten vor allem Fettstoffe aus pflanzlichen Fetten, die in der Lage sind, überschüssiges Cholesterin aus dem Blut aufzunehmen und zur Leber abzutransportieren, wo es schließlich abgebaut wird. Bei der Messung des Cholesterinblutspiegels müssen daher immer beide Werte ermittelt und in Relation zueinander gesetzt werden. Auf diese Weise kann festgestellt werden, ob tatsächlich ein erhöhter Cholesterinspiegel existiert. Liegen der Wert des LDL-Cholesterins über 155 mg pro 100 ml Blut und der HDL-Wert unter 35 (Männer) bzw. 45 mg pro 100 ml Blut, spricht man von ungünstigen Cholesterinwerten. Damit erhöht sich die Gefahr für die Entstehung von Arteriosklerose und auch das Risiko für Bluthochdruck. Durch eine gesunde Ernährung, die nur geringe Mengen tierisches Fett enthält, können die Blutfettwerte im Allgemeinen gesenkt werden.

Rauchen – die große Gefäßgefahr

Wer den Rauch einer Zigarette inhaliert, atmet dabei jede Menge Giftstoffe ein, die die Zellen schädigen können. Auch die Innenwände der Gefäße werden von den Substanzen im Zigarettenrauch angegriffen – kleinere Verletzungen entstehen. In diesen Wunden können sich Fettstoffe, Kalzium und Blutbestandteile absetzen. Eine Verengung der Arterien ist die Folge. Außerdem verengen sich mit jedem Zug aus einer Zigarette die Blutgefäße – die Versorgung der Körperzellen mit Blut (d. h. mit Sauerstoff und Nährstoffen) wird dadurch behindert.

Diabetes, Bluthochdruck und erhöhte Blutfettwerte

Genauso wie Bluthochdruck oft mit erhöhten Blutfettwerten einhergeht, ist er auch häufig bei Zuckerkranken, den Diabetikern, anzutreffen. „Gesellen" sich zum Diabetes mellitus und zur Hypertonie noch erhöhte Blutfettwerte hinzu, spricht der Arzt vom „metabolischen Syndrom". Diese Erkrankung betrifft vor allem Menschen mit Übergewicht und einer erblichen Veranlagung. In jedem Fall müssen sowohl der Diabetes als auch der Bluthochdruck behandelt und die Blutfettwerte gesenkt werden, denn beim metabolischen Syndrom besteht nicht nur ein erhöhtes Risiko für Arteriosklerose und ihre Folgeerkrankungen wie Herzinfarkt, sondern auch für irreparable Schäden an den Blutgefäßen, die durch die Zuckerkrankheit hervorgerufen werden können. Oft gelingt es bereits durch eine Umstellung der Ernährung, das metabolische Syndrom – zumindest ansatzweise – in den Griff zu bekommen.

Risiko für Nieren, Herz und Kreislauf

Bluthochdruck ist einer der größten Risikofaktoren für die Arteriosklerose. Als Folge von Bluthochdruck und Arteriosklerose kann es zum Verschluss von Arterien und damit zur Mangelversorgung bzw. zur Unterbrechung der Versorgung bestimmter Organe mit Blut kommen. Lebensgefährlich wird so ein Gefäßverschluss, wenn wie beim Herzinfarkt das Herz oder wie beim Schlaganfall das Gehirn betroffen ist.

Hoher Blutdruck kann aber noch weitere Folgen haben – u. a. kann es zu Herzmuskelschwäche kommen. Der Grund: Das Herz arbeitet bei Bluthochdruck ständig mit voller Kraft. Es muss das Blut mit größerem Kraftaufwand durch die Arterien pumpen, damit alle Organe des Körpers ausreichend mit Sauerstoff und Nährstoffen versorgt werden. Man kann sich leicht vorstellen, dass eine solche andauernde Überbelastung nicht ohne Folgen bleibt. Der Herzmuskel kann nach einiger Zeit seine Aufgabe nicht mehr vollständig wahrnehmen. Um dieses Manko auszugleichen, vergrößert sich das Linksherz (die Herzseite, die Blut in die Aorta pumpt); Muskelgewebe wandelt sich vermehrt in Bindegewebe um. Wenn die immens große Belastung (der Bluthochdruck) bestehen bleibt, kommt es nach einiger Zeit zur Herzmuskelschwäche – das Herz kann seine Funktion nicht mehr voll erfüllen.

Die Nieren können ebenfalls bleibende Schäden davontragen, wenn ein bestehender Bluthochdruck nicht behandelt wird. Die Nieren tragen nämlich über ein kompliziertes Steuerungssystem ebenfalls dazu bei, dass der Blutdruck im Normbereich bleibt. Wenn nun über längere Zeit Bluthochdruck vorliegt, können die die Nieren versorgenden Arterien und kleineren Blutgefäße geschädigt werden. Die unvermeidliche Folge: Nierengewebe stirbt ab – die Nieren können ihrer Aufgabe, das Blut zu filtern und von giftigen Stoffwechselabbauprodukten zu befreien, nicht mehr nachkommen. Im schlimmsten Fall ist ein Nierenversagen, das zum Tod führen kann, die Folge. Diabetiker, die unter Hypertonie leiden, müssen besonders gut darauf achten, dass ihre Nieren keinen Schaden nehmen, denn der Diabetes mellitus kann ebenfalls zu Veränderungen in den kleinsten Nierengefäßen führen.

Die Hochdruckkrise

Bei einer Bluthochdruckkrise erhöht sich der Blutdruck sehr schnell und stark. Solch eine Situation ist immer lebensgefährlich, denn als Folge kann es zu einem Herzinfarkt oder einem Schlaganfall kommen. An einer solchen Hochdruckkrise können Erkrankungen (z. B. Nierenerkrankungen) schuld sein, die Auswirkungen auf die Höhe des Blutdrucks haben. Genauso können aber auch äußere Anlässe, z. B. starke seelische Belastungen, zum Hochschnellen des Blutdrucks führen – insbesondere, wenn der Betroffene bereits unter Bluthochdruck leidet.

Man erkennt eine Hochdruckkrise u. a. an plötzlich auftretenden Symptomen wie Sehstörungen, Atemschwierigkeiten, Übelkeit, Erbrechen, Kopfweh, Bewusstseinsstörungen. Bei Verdacht auf eine Hochdruckkrise muss schnellstens der Arzt zurate gezogen werden, um die lebensgefährlichen Folgen abzuwenden. Eventuell muss der Patient im Krankenhaus behandelt werden.

Bluthochdruck erkennen und behandeln

Die Gefahren des Bluthochdrucks sind so groß, dass es für jeden eine Selbstverständlichkeit sein sollte, seinen Blutdruck regelmäßig selbst zu kontrollieren oder kontrollieren zu lassen. Wer bislang keinerlei Probleme mit seinem Blutdruck hatte, sollte in regelmäßigen Abständen von etwa sechs Monaten den Blutdruck messen lassen (z. B. in der Apotheke), wer unter Hypertonie leidet, muss selbstverständlich häufiger den Blutdruck kontrollieren. In diesem Fall kann es durchaus sinnvoll sein, sich ein Blutdruckmessgerät anzuschaffen, mit dem man die Messungen bequem zu Hause durchführen kann.

Blutdruck messen – aber wie?

Jeder kennt wahrscheinlich die Methode, wie beim Arzt der Blutdruck gemessen wird: Man entblößt seinen Oberarm, die Arzthelferin legt eine Manschette darum, die mit einem Messgerät für den Druck (Manometer) verbunden ist. Dann wird die Manschette mit einem kleinen Blasebalg aufgepumpt, die Arzthelferin legt ein Stethoskop in die Armbeuge und lässt nun allmählich den Druck aus der Manschette ab, wobei sie das Druckmessgerät gut beobachtet. Dann teilt sie dem Patienten den systolischen und den diastolischen Blutdruckwert mit.

Zur Blutdruckmessung zu Hause sind diese manuell zu bedienenden Geräte weniger gut geeignet, denn es erfordert schon ein wenig Übung, mit diesen Messgeräten den Blutdruck zu ermitteln. Ein Ungeübter kann bei der Blutdruckmessung eine Reihe von Fehlern begehen, sodass ein falscher Wert ermittelt wird.

Für den Hausgebrauch sind elektronische Blutdruckmessgeräte wesentlich geeigneter. Zwar muss man sich dabei auch eine Manschette um den Oberarm binden, doch die Messung erfolgt automatisch, ohne dass man selbst auf Geräusche achten oder den Druck aus der Manschette ablassen muss. Allerdings sollte man darauf achten, dass der Oberarm während der Messung etwa in Herzhöhe gelagert wird (z. B. auf einem Tisch). Ist die Messung erfolgt, zeigen die Messgeräte den systolischen oder diastolischen Wert entweder auf einer Anzeigetafel an oder sie drucken die Blutdruckwerte aus, sodass man sie schwarz auf weiß vor sich liegen hat. Diese Werte sollten die Patienten unbedingt notieren, um einen Überblick zu bekommen, an welchen Tagen bzw. zu welchen Tageszeiten der Blutdruck besonders hoch oder niedrig ist. Am sinnvollsten ist es, die Werte in einen Terminplaner einzutragen und jeweils die Uhrzeit hinzuschreiben. Wenn möglich, sollte der Blutdruck mindestens zweimal am Tag gemessen werden.

Die Blutdruckmessung über einen längeren Zeitraum

Eine einmalige Messung beim Arzt sagt noch nichts darüber aus, ob tatsächlich Bluthochdruck vorliegt. Schließlich kann durch die Aufregung über den Arztbesuch der Blutdruck erhöht sein oder aber andere Faktoren (z. B. vorheriger Kaffee- oder Zigarettenkonsum) lassen den Blutdruck bei der einmaligen Messung in ungeahnte Höhen schnellen, die im Tagesdurchschnitt nicht erreicht werden. Aus diesem Grund wird der Arzt bei Verdacht auf Bluthochdruck wahrscheinlich eine Langzeitmessung anordnen. Dazu gibt er dem Patienten ein tragbares Blutdruckmessgerät mit nach Hause, das dieser z. B. über 24 Stunden lang mit sich führen muss. Der Patient bekommt eine Manschette um den Arm gelegt, die mit dem Gerät verbunden ist. In bestimmten, zuvor festgelegten Zeitintervallen pumpt sich die Manschette auf und der Blutdruck wird gemessen. Das Gerät zeichnet die Werte über den gesamten Zeitraum auf, sodass der Arzt sie anschließend auswerten und Rückschlüsse auf die durchschnittliche Blutdruckhöhe ziehen kann. Allerdings benötigt er dafür noch einige Informationen von dem Patienten – dieser muss ein detailliertes Tagebuch (mit Zeitangaben) über seine Aktivitäten führen. Schließlich steigt der Blutdruck bei anstrengenden Tätigkeiten (z. B. beim Sport) oder sinkt, wenn man sich entspannt. Fehlen dem Arzt diese wichtigen Informationen, kann er keine exakte Diagnose stellen.

Medizinische Hilfe bei Hypertonie

Bluthochdruck kann in aller Regel medikamentös recht gut behandelt werden. Entscheidend ist dabei allerdings, dass der Patient „seiner" Therapie die Treue hält und nicht eigenmächtig ein Medikament absetzt, weil er sich schon besser fühlt oder das Mittel bei ihm Nebenwirkungen hervorruft. Nur der Arzt kann (natürlich gemeinsam mit dem Patienten) entscheiden, wie lange und in welcher Dosis ein Medikament genommen werden sollte. Treten unerwünschte Nebenwirkungen auf, sollte der Patient rasch den Arzt aufsuchen, damit dieser ein anderes Präparat verordnen kann bzw. die Dosis ändert.

Oft wird der Arzt auch verschiedene Medikamente miteinander kombinieren, um den Hochdruck damit in den Griff zu bekommen. Nicht selten ist eine solche Kombinationstherapie nämlich sinnvoller, weil die einzelnen Präparate niedriger dosiert werden können oder sich besonders gut ergänzen.

Diuretika – Medikamente zur Förderung der Wasserausscheidung

Bei leichtem Bluthochdruck wird der Arzt vielleicht eine Therapie mit so genannten Diuretika anordnen. Dies sind Medikamente, die harntreibend wirken und dazu beitragen, dass mehr Wasser, aber auch mehr Kochsalz über den Urin aus dem Körper ausgeschieden wird. Der Vorteil: Durch eine Verringerung des Natriums (Kochsalz) im Blut sinkt meistens auch bereits der Blutdruck. Doch leider kann eine Behandlung mit Diuretika auch dazu führen, dass eine größere Menge des Mineralstoffs Kalium ausgeschieden wird. Zu den unangenehmen Folgen des erhöhten Kaliumverlusts gehören Muskelkrämpfe und eine Beeinträchtigung der Herzfunktion bei bestehenden Herzrhythmusstörungen.

Betablocker – häufig verordnete Präparate

Betarezeptoren- oder kurz Betablocker senken den Blutdruck, indem sie in den Zellen des Körpers Andockstellen besetzen, die sonst von dem Hormon Noradrenalin belegt werden. Dieses Hormon bewirkt, dass sich die Blutgefäße verengen und der Blutdruck steigt. Wenn die Rezeptoren der Zellen jedoch schon durch einen anderen Stoff (in diesem Fall den Betablocker) besetzt sind, kann das Noradrenalin seine Wirkung nicht ausspielen. Der Blutdruck steigt deshalb nur geringfügig an, wenn der Organismus das Hormon Noradrenalin ausschüttet, was meist in Stresssituationen der Fall ist. Eine (für manche Menschen angenehme) Nebenwirkung hat die Einnahme von Betablockern daher auch: In belastenden Situationen bleibt der Patient oft gelassener als sonst.

Allerdings können Betablocker natürlich auch unerwünschte Nebenwirkungen haben. Beispielsweise klagen viele der Patienten über verstärkte Müdigkeit und Antriebslosigkeit.

Die Gegenspieler des Kalziums

Kalziumantagonisten – so bezeichnet man eine weitere Gruppe von Medikamenten, die gegen Bluthochdruck eingesetzt werden. Sie wirken dem Kalzium in den Muskelzellen der Gefäßwände entgegen, das die Anspannung und damit Verengung der Blutgefäße bewirkt. Und durch verengte Blutgefäße erhöht sich nun einmal der Blutdruck. Die Kalziumantagonisten sorgen dafür, dass weniger Kalzium in die Muskelzellen der Blutgefäße gelangt, sodass sich die Gefäße entspannen und weiten.

Die erwünschte Folge: Der Blutdruck sinkt. Der Vorteil dieser Medikamentengruppe: Ihre Nebenwirkungen sind gering; selbst Diabetiker können Präparate aus der Gruppe der Kalziumantagonisten nehmen, ohne befürchten zu müssen, dass sie in den Zuckerstoffwechsel eingreifen. Ein paar unerwünschte Wirkungen können Kalziumantagonisten aber doch nach sich ziehen. Dazu gehören Kopfweh, Rötung des Gesichts oder Wassereinlagerungen im Gewebe.

Wirksame ACE-Hemmer

ACE-Hemmer senken den Blutdruck, indem sie die Produktion eines Hormons namens Angiotensin einschränken. Dieses Hormon sorgt dafür, dass sich die Blutgefäße verengen und der Blutdruck steigt. ACE-Hemmer haben in der Regel nur wenig Nebenwirkungen, wenn sie angemessen dosiert werden. Auch für Diabetiker sind sie geeignet. Nur bei Schädigung der Nieren sollte man mit dem Einsatz von ACE-Hemmern ein bisschen vorsichtig sein.

AT-II-Antagonisten

Hier handelt es sich um eine neuere Medikamentengruppe. Diese Medikamente hemmen gewisse Rezeptoren im Angiotensin-Stoffwechsel, wodurch oftmals eine schonende und gute Blutdrucksenkung ermöglicht wird. Außerdem zeichnet sich diese Medikamentengruppe durch eine besonders geringe Nebenwirkungsrate aus.

Ohne Selbsthilfe geht nichts

Wer den Bluthochdruck in den Griff bekommen will, darf sich nicht nur auf die medikamentöse Therapie verlassen – er muss auch selbst etwas dafür tun. Schließlich können die meisten Risikofaktoren für hohen Blutdruck (Stress, Bewegungsmangel, Alkoholkonsum, ungesunde Ernährung) ausgeschaltet werden – man muss es nur wollen.

Stress abbauen, Belastungen verringern

Anhaltender Stress kann ganz erheblich dazu beitragen, dass die Blutdruckwerte in die Höhe schnellen. Denn der Körper schüttet unter Stress gefäßverengende Substanzen aus, durch deren Einwirkung zwar vorübergehend die Leistungsfähigkeit erhöht wird, aber auch der Blutdruck steigt. Wer unter Dauerstress steht, hat demnach häufig erhöhte Blutdruckwerte. Deshalb heißt es bei Hypertonie: Kürzer treten, alles etwas ruhiger angehen lassen und sich Zeit zur Entspannung nehmen.

Durch gezielte Entspannung können die Hormone, die in Stresssituationen ausgeschüttet werden, abgebaut werden. Das hat zur Folge, dass auch der Blutdruck sinkt – die Arterien weiten sich wieder, wenn die gefäßverengenden Hormone ihre Wirkung verlieren. Bluthochdruckpatienten, die sich nur schlecht entspannen können, sollten darüber nachdenken, eine Entspannungstechnik zu erlernen. Viele Institutionen (Krankenkassen, Volkshochschulen) bieten mittlerweile preisgünstige Kurse zum Erlernen einer Entspannungsmethode (z. B. autogenes Training, Progressive Muskelrelaxation, Yoga oder Meditation) an.

Wann ein Arbeitsplatzwechsel sinnvoll ist

Die meisten beruflichen Tätigkeiten können von Hypertoniepatienten weiterhin ausgeübt werden. Es gibt allerdings ein paar Einschränkungen. Patienten mit mittelschwerem oder schwerem Bluthochdruck sollten keinen Beruf ausüben, bei dem sie schwere körperliche Arbeit verrichten müssen, denn durch die Anstrengung schnellt der Blutdruck in die Höhe bzw. bleibt konstant auf hohem Niveau. Auch Schichtdienst oder Berufe, bei denen sie großen seelischen Belastungen ausgesetzt sind, sind ungünstig für Bluthochdruckpatienten. Das Gleiche gilt für alle Tätigkeiten, bei denen die Betroffenen starken Lärm oder große Temperaturschwankungen verkraften müssen.

Falls bereits Folgeerkrankungen des Bluthochdrucks (z. B. Herz-Kreislauf-Erkrankungen) vorliegen, ist es sinnvoll, mit dem Arzt über die weitere berufliche Laufbahn zu sprechen. Manche Tätigkeiten sollten dann nämlich keinesfalls weiter ausgeübt werden, da sie eine zu große Belastung für den Betroffenen darstellen würden. Doch das können allein Arzt und Patient gemeinschaftlich entscheiden.

Bewegung – gut für den Blutdruck

Da jede Form der körperlichen Betätigung mit einem mehr oder weniger starken Anstieg des Blutdrucks einhergeht, fragen sich viele Bluthochdruckpatienten, ob sie Sport treiben dürfen. Die Antwort lautet: Ja – sie sollen sich sogar bewegen. Schließlich gehört Bewegungsmangel zu den Risikofaktoren für Bluthochdruck. Durch gezieltes körperliches Training kann man sogar dafür sorgen, dass der Blutdruck bei Anstrengungen nicht in ungeahnte Höhen schießt.

Wer schon längere Zeit aus der Übung ist und nun wieder damit beginnen möchte, seinen Körper zu „stählen", sollte das ganz langsam tun. Sonst kann dies leicht zur Überanstrengung führen und das ist weder gut für den Blutdruck noch für den restlichen Körper.

Ungeübte sollten daher ganz allmählich mit einer Stunde Sport (aufgeteilt auf zwei Trainingseinheiten à 30 Minuten) pro Woche beginnen. Natürlich sollten sie zu Anfang nicht gleich einen Marathonlauf in Angriff nehmen, sondern ganz allmählich ihre Leistung steigern. Wer sich z. B. für das Joggen entscheidet, sollte zu Anfang ein paar Minuten gemütlich traben, dann ein paar Minuten gehen, um dann wieder in einen leichten, lockeren Trab zu verfallen. Die Strecken, die laufend zurückgelegt werden, werden von Training zu Training länger, die Strecken, die gegangen werden, von Mal zu Mal kürzer, bis schließlich 30 Minuten laufend durchgehalten werden (nicht zu schnell, nicht zu langsam laufen). Genau dasselbe gilt für andere Sportarten: Wer Rad fährt, muss nicht die ganze Zeit kräftig in die Pedalen treten; wer sich fürs Schwimmen entscheidet, kann sich zwischendurch immer wieder einmal treiben lassen. Das Training war dann genau richtig dosiert, wenn Sie sich hinterher wohlig entspannt fühlen. Fühlen Sie sich erschöpft, haben Sie etwas übertrieben.

Ausdauersportarten sind am geeignetsten

Für Bluthochdruckpatienten eignen sich vor allem Sportarten, bei denen die Ausdauer trainiert wird – nicht die Kraft und nicht die Schnelligkeit. Zu diesen Ausdauersportarten gehören unter anderem Skilanglauf, Jogging, Radfahren, Schwimmen, Rudern, aber auch Wandern und eingeschränkt auch Golfen.

Sportarten, die mit großen Kraftanstrengungen verbunden sind und bei denen bestimmte Muskelpartien stark angespannt werden müssen, sind für Hypertoniepatienten tabu. Dazu gehören z. B. Gewichtheben oder Geräteturnen. Wettkampfsportarten sind ebenfalls nicht sonderlich gut geeignet, denn dabei regt man sich meistens zu schnell auf. Außerdem muss man mit anderen in Konkurrenz treten und neigt deshalb schneller dazu, sich etwas beweisen zu wollen.

Auch die Gartenarbeit kann als körperlicher Ausgleich zum beruflichen Alltag dienen. Allerdings dürfen Bluthochdruckpatienten sich auch dabei nicht übernehmen – Aktivitäten, die viel Kraft erfordern (z. B. das Roden von Büschen), sollten sie lieber anderen überlassen.

Freizeitaktivitäten und Bluthochdruck

Bei manchen Aktivitäten, die Gesunde planen und durchführen, ohne groß zu überlegen, stellt sich für Hypertonie-Patienten die Frage, ob diese Aktivitäten für sie geeignet sind. Dazu gehören z. B. der Saunabesuch, das Sonnenbad, Kaltwasseranwendungen, die den Kreislauf stärken sollen, aber auch die Urlaubsreise und das Autofahren.

Saunabesuch, Sonnenbad und Kaltanwendungen

Der Besuch einer Sauna kann für den Kreislauf sehr belastend sein. Dennoch müssen Bluthochdruckpatienten nicht darauf verzichten, wenn sie einige einfache Regeln beachten. Sie sollten beispielsweise immer eine Sauna mit einer geringen Luftfeuchtigkeit wählen. Wer an die Sauna noch nicht gewöhnt ist, sollte den Aufenthalt nicht zu lang ausdehnen. Zu Anfang sind fünf Minuten genug, später kann der Aufenthalt auf ca. zehn Minuten verlängert werden. Auf einen Sprung in das kalte Tauchbecken sollten Hypertoniepatienten in jedem Fall verzichten; sinnvoller ist es, den Körper nach und nach von unten nach oben mit kühlem Wasser vorsichtig abzuduschen. Anschließend sollten sich Bluthochdruckkranke ausreichend lange erholen (mindestens eine halbe Stunde lang), bevor sie den nächsten Saunagang in Angriff nehmen. „Sauna-Anfänger" sollten zunächst nicht übertreiben, sondern es bei einem Saunagang belassen. Auch später sollten Bluthochdruckpatienten sich auf maximal drei Saunagänge beschränken.

Mit Sonnenbädern sollten Hypertoniepatienten ein wenig vorsichtig sein und sich nicht zu lange der Sonneneinstrahlung aussetzen. In die pralle Mittagssonne sollten sie sich schon gar nicht legen und auch bei tieferem Sonnenstand ist es besser, ein Plätzchen im Schatten zu wählen, um den Kreislauf weniger zu belasten.

Mit Kaltwasseranwendungen sollten Hochdruckpatienten vorsichtig sein – schließlich belasten kalte Güsse oder Bäder den Kreislauf und können bei Bluthochdruck schädlich sein. Wenn Sie auf solche Wasseranwendungen nicht völlig verzichten wollen, sollten Sie keinesfalls zu kaltes Wasser verwenden. In jedem Fall muss der Körper langsam an die Wasseranwendungen gewöhnt werden.

Urlaub – ja oder nein?

Eine Urlaubsreise tut den meisten Bluthochdruckpatienten gut, denn so können sie endlich einmal Stress abbauen. Allerdings sollte der Urlaub auch wirklich der Erholung dienen und nicht wieder in Stress ausarten. Viele Menschen hetzen im Urlaub von einer Sehenswürdigkeit zur nächsten oder machen die Nacht zum Tag. Solch ein Urlaub ist für Bluthochdruckpatienten selbstverständlich nicht geeignet. Muße und Entspannung sollten an erster Stelle stehen – körperliche Bewegung darf dabei allerdings nicht fehlen. Beschränkungen bei der Wahl des Urlaubsortes gibt es nur, wenn der Blutdruck schlecht eingestellt ist oder der Patient kurz zuvor einen Herzinfarkt erlitten hat. Dann sollte man keine allzu langen Reisen unternehmen, möglichst nicht mit dem eigenen Auto in den Urlaub fahren (zu anstrengend!) und auch keinen Langstreckenflug buchen. Wer die Berge liebt, sollte einen Urlaubsort wählen, der nicht höher als 2000 Meter liegt.

Nur in den wenigsten Fällen sind die Blutdruckwerte so kritisch, dass Patienten auf das Autofahren verzichten sollten. Es empfiehlt sich in jedem Fall, mit dem Arzt darüber zu sprechen, ob er das Autofahren weiterhin für zumutbar und sinnvoll hält.

Auch blutdrucksenkende Medikamente können die Verkehrstüchtigkeit einschränken. Bluthochdruckpatienten, die auf ihr Auto angewiesen sind, sollten daher stets den Arzt fragen, ob die Arzneimittel, die er verordnet hat, die Verkehrstüchtigkeit einschränken. Bei stark erhöhtem Blutdruck bzw. nach Folgeerkrankungen wie Herzinfarkt sollte man auf das Autofahren besser verzichten. Berufskraftfahrer dürfen ihre Tätigkeit nach einem solchen Vorfall in der Regel nicht mehr ausüben.

Rauchen – lieber nicht!

Rauchen verstärkt die negativen Auswirkungen des Bluthochdrucks auf die Arterienwände noch – die Arteriosklerose schreitet bei Rauchern in der Regel rascher voran als bei Nichtrauchern. Sie sind deshalb auch stärker herzinfarkt- und schlaganfallgefährdet. Bluthochdruck-Patienten sollten daher lieber mit dem Rauchen aufhören oder es zumindest stark einschränken. Ein Nichtraucherkurs kann ihnen dabei helfen.

Die richtige Ernährung bei Bluthochdruck

Sie haben inzwischen schon einiges über die Entstehung von Bluthochdruck erfahren und wissen, dass diese Erkrankung kein „Schicksal" ist, sondern dass Sie durch eine Umstellung Ihrer Lebensweise sehr viel dazu beitragen können, sie in den Griff zu bekommen. Folgende durch die Lebensweise bedingte Risikofaktoren führen (vor allem bei genetisch dazu veranlagten Personen) häufig zu einem erhöhten Blutdruck:

- zu kochsalzreiche Ernährung
- zu geringe Kaliumzufuhr
- zu hoher Alkoholkonsum
- zu hoher Cholesterinspiegel
- Übergewicht.

Vor allem beim primären oder essenziellen Bluthochdruck spielen diese Faktoren eine wichtige Rolle. Deshalb setzt eine Therapie des Bluthochdrucks zunächst einmal bei der Ernährung an. Oft bekommt man eine leichte bis mittelschwere Hypertonie sogar allein durch eine Ernährungsumstellung in den Griff und kommt ohne Medikamente aus. In schwereren Fällen muss die Ernährungstherapie in der Regel mit einem oder mehreren blutdrucksenkenden Medikamenten kombiniert werden. Doch auch solche Patienten sollten sich nicht nur auf ihre Medikamente verlassen und die Ernährungsratschläge ihres Arztes ignorieren – denn je mehr sie auf ihre Ernährung achten, umso niedriger können die Medikamente dosiert werden.

Das A und O bei Bluthochdruck: eine kochsalzarme Ernährung

Wir nehmen mit unserer Nahrung viel zu viel Kochsalz auf. Der durchschnittliche Tagesbedarf an Natrium liegt bei Jugendlichen und Erwachsenen zwischen 2 und 3 g (enthalten in 5–6 g Kochsalz). Statistischen Untersuchungen zufolge nehmen wir im Durchschnitt das Zweifache davon zu uns – nämlich 10 bis 12 g Kochsalz pro Tag. Der Grund dafür liegt in unseren Essgewohnheiten, die sich seit der Zeit, als die Menschen noch als Jäger und Sammler durch die Wildnis streiften, sehr stark verändert haben: Früher nahmen wir unsere Nahrungsmittel – Fleisch und Fisch, Obst und Gemüse – mehr oder weniger naturbelassen zu uns. Bei unserer heutigen Zivilisationskost hingegen werden die meisten Lebensmittel durch Zusatz von Kochsalz haltbar gemacht und darüber hinaus auch noch mit reichlich Salz zubereitet und gewürzt.

Das mag aus Gründen der Konservierung zweckmäßig sein und vielen Menschen (weil ihre Geschmacksnerven sich von klein auf an die überhöhte Kochsalzzufuhr gewöhnt haben) auch gut schmecken – gesund ist es aber nicht. Denn statistische Untersuchungen haben eindeutig bewiesen, dass Bluthochdruck und die damit verbundenen gefährlichen Herz-Kreislauf-Erkrankungen (Herzinfarkt, Schlaganfall) in Ländern mit hohem Kochsalzkonsum viel häufiger auftreten als in Regionen, in denen die Menschen wenig Salz zu sich nehmen.

Naturvölker ernähren sich salzarm – und sind gesünder als wir

Bei den meisten Naturvölkern entspricht die Kochsalzzufuhr dem tatsächlichen Bedarf – d. h., sie liegt bei etwa 3 bis höchstens 5 g pro Tag. Und es ist statistisch erwiesen, dass Bluthochdruck bei diesen Völkern viel seltener auftritt, je niedriger der durchschnittliche Kochsalzverzehr pro Tag ist. In Ländern mit hohem Kochsalzkonsum kommt Bluthochdruck hingegen besonders häufig vor.

Diese Statistiken gaben den Wissenschaftlern natürlich zu denken und brachten sie auf die Idee, weitere Untersuchungen über den Zusammenhang zwischen Kochsalzkonsum und Bluthochdruck durchzuführen. In einer groß angelegten Studie – der Intersalt, an der sich insgesamt 32 Länder und über 100 000 Menschen beteiligten – wurden die durchschnittliche Salzaufnahme und der Blutdruck der Testpersonen untersucht. Dabei zeigte sich, dass zwar ein Zusammenhang zwischen Bluthochdruck und überhöhtem Kochsalzkonsum besteht – aber nicht bei allen Menschen. Es gibt salzempfindliche Personen, bei denen ein zu hoher Kochsalzkonsum den Blutdruck ansteigen lässt. Andere hingegen können ungestraft zum Salzstreuer greifen; ihren Blutdruck lässt das völlig unberührt.

Inzwischen hat man dafür folgende Erklärung gefunden: Unser Natriumhaushalt wird durch die Nieren reguliert. Nehmen wir zu viel Kochsalz auf, so wird das überschüssige Natrium durch die Nieren mit dem Harn wieder ausgeschieden. Bei kochsalzempfindlichen Menschen funktioniert dieser Mechanismus jedoch nicht so gut wie bei anderen: Ihre Nieren können nicht genug von dem überschüssigen Natrium ausscheiden. Ungefähr 15–25 % der Menschen mit normalem Blutdruck und 30–40 % aller Hypertoniker sind kochsalzempfindlich, d. h., sie reagieren auf eine Kochsalzbelastung mit einem Anstieg des Blutdrucks. Wahrscheinlich ist diese Kochsalzempfindlichkeit erblich bedingt.

Aber auch nicht salzempfindliche Bluthochdruckpatienten sollten sich kochsalzarm ernähren, denn auch bei ihnen sinkt durch eine Beschränkung der Kochsalzzufuhr der Blutdruck – wenn auch nicht so stark wie bei salzempfindlichen Menschen –, mit dem Erfolg, dass sie dann weniger blutdrucksenkende Medikamente einnehmen müssen. Vor allem für Diabetiker mit Bluthochdruck ist es wichtig, ihre Kochsalzzufuhr einzuschränken, denn bei ihnen wird weniger Natrium über die Nieren ausgeschieden.

Eine „Sofortwirkung" darf man bei einer solchen Ernährungsumstellung allerdings nicht erwarten – es dauert in der Regel schon ein paar Wochen, bis man beim Blutdruckmessen die ersten Erfolge einer kochsalzarmen Ernährung sieht.

Kochsalzarme Nahrung bedeutet keinen Verzicht auf Genuss

Da eine kochsalzarme Ernährung sich bei allen Bluthochdruckpatienten positiv auswirkt und es ohnehin kein einfaches Testverfahren gibt, mit dem man herausfinden könnte, wer zu den salzempfindlichen Hypertonikern gehört und wer nicht, gilt grundsätzlich, dass alle Hochdruckkranken ihre Kochsalzaufnahme auf 5 bis 6 g pro Tag reduzieren sollten. Das erfordert zwar schon eine gewisse Ernährungsumstellung und vor allem ein sehr bewusstes Einkaufen, das man sich erst einmal „antrainieren" muss. Aber eine kochsalzarme Ernährung bedeutet nicht, dass nun alles „fad" schmecken muss. Der Salzstreuer ist nämlich bei weitem nicht die einzige Möglichkeit, einem Essen Würze zu verleihen; es ist reine Gewohnheitssache, dass wir heutzutage meinen, ohne viel Salz habe das Essen keinen Reiz mehr für uns. Der Appetit auf Kochsalz wird uns von klein auf anerzogen, und ebenso können wir ihn uns auch wieder abgewöhnen.

Schon nach einer vier- bis sechswöchigen kochsalzarmen Ernährung werden Sie feststellen, dass Ihre Geschmacksnerven sensibler reagieren: Sie entwickeln ein ganz neues Gespür für den Eigengeschmack der Speisen und für das subtile Aroma verschiedenster Kräuter und Gewürze. Nun empfinden Sie ein Zuviel an Salz plötzlich als unangenehm und deshalb wird es Ihnen gar nicht mehr schwer fallen, auf den Salzstreuer am Tisch zu verzichten.

Natrium oder Kochsalz – wer ist der Übeltäter?

Früher vermutete man, dass es das Natrium an sich ist, das den Blutdruck in die Höhe treibt. Neuere Untersuchungen haben jedoch gezeigt, dass Natrium hauptsächlich in Verbindung mit Chlorid (also als

Natriumchlorid = Kochsalz) bei empfindlichen Personen eine blutdruckerhöhende Wirkung hat. Andere Natriumverbindungen wie beispielsweise Natriumzitrat oder Natriumbikarbonat erhöhen den Blutdruck nicht.

Leider kommt Natrium in unserer Nahrung jedoch hauptsächlich in Form von Kochsalz vor. (Eine Ausnahme stellen Mineralwässer dar, die auch viele andere, nicht blutdruckerhöhende Natriumverbindungen wie beispielsweise Natriumbikarbonat enthalten.) Deshalb kann man den Kochsalzgehalt eines Lebensmittels ganz leicht aus seinem Natriumgehalt errechnen. (Meistens ist nämlich – wenn überhaupt – nur der Natriumgehalt auf der Verpackung angegeben.) Um den Kochsalzgehalt eines Nahrungsmittels (pro 100 g) zu ermitteln, braucht man den Natriumgehalt nur mit 2,5 zu multiplizieren, denn 1 g Natrium ergibt zusammen mit 1,5 g Chlorid 2,5 g Kochsalz (NaCl).

Formel zur Errechnung des Kochsalzgehalts von Nahrungsmitteln:

Natriumgehalt x 2,5 = Kochsalzgehalt

● **Ein Beispiel:**
100 g Salzstangen enthalten 1800 mg Natrium. Das sind 4500 mg oder 4,5 g Kochsalz – fast schon der gesamte für Hochdruckkranke „erlaubte" tägliche Kochsalzkonsum. Also abends beim Fernsehen lieber etwas anderes knabbern!

Warum Natrium für Bluthochdruckpatienten so gefährlich ist

Warum lässt zu viel Natrium die Quecksilbersäule des Blutdruckmessgeräts in die Höhe schnellen? Auch auf diese Frage haben Mediziner inzwischen eine Antwort. Erstens hat Natrium die Eigenschaft, Wasser im Körper zu binden, und zwar eine beachtliche Menge: Auf einen Teil Natrium kommen neun Teile Wasser. Nehmen salzempfindliche Menschen nun viel Kochsalz zu sich, so steigt der Natriumgehalt und damit auch der Wassergehalt in ihrem Blut an. Das Blutvolumen vergrößert sich – der Blutdruck steigt. Man kann sich das so ähnlich vorstellen wie einen Gartenschlauch: Wenn man in einem Stück Schlauch plötzlich das Wasservolumen erhöht, so übt das Wasser einen verstärkten Druck auf die Wände des Schlauches aus. Genauso ist es auch mit unseren Blutgefäßen. Verringert sich der Natriumgehalt in unserem Organismus, weil wir auf Anraten unseres Arztes begonnen haben, uns kochsalzarm zu ernähren, so sinken die Blutdruckwerte allmählich ab.

Natrium erhöht den Blutdruck aber nicht nur durch eine Vergröße-rung des Blutvolumens, sondern auch noch auf einem anderen Weg: Es bewirkt nämlich gleichzeitig, dass die Wandmuskeln der Arteriolen – das sind die kleinsten Verzweigungen unserer Arterien – sich dauerhaft verkrampfen, d. h. auf „eng" stellen. Durch diese Verengung der Blutge-fäße steigt der Blutdruck zusätzlich an.

Kochsalzarme Ernährung – leicht gemacht

Wenn man auf sehr kochsalzreiche Lebensmittel verzichtet und sei-nen Speisen auch während und nach der Zubereitung kein (oder nur wenig) Salz zusetzt, kommt man leicht auf die „erlaubte" tägliche Koch-salzmenge von ungefähr 5 g. Das erfordert allerdings schon eine sehr bewusste Ernährung. Denn selbst manche Grundnahrungsmittel, denen man dies gar nicht zutrauen würde, enthalten eine beachtliche Menge Kochsalz – beispielsweise das Brot.

Die unten stehende Tabelle veranschaulicht, welche unserer tägli-chen Nahrungsmittel den größten Anteil an Kochsalz enthalten: In der

Kochsalzverbrauch pro Tag	
Durchschnittliche Kochsalzmenge	**enthalten im durchschnittlichen Tagesverbrauch von:**
1 g	**Grundlebensmitteln unverarbeitet:** Gemüse, Kartoffeln, Getreide, Milch und Fleisch
2–3 g	**Brot:** alle Sorten
3–5 g	**Brotbelag:** Schinken, Wurst, Fisch-marinaden, Käse
4–5 g	**Zubereitung** von Speisen (industriell oder selbst bereitet)
1–2 g	**Nachsalzen und Würzen** der Speisen

Quelle: Ernährungs-Umschau 34 (1987), Heft 11

Brotmenge, die wir an einem Tag verzehren, sind (sofern wir keine speziellen kochsalzarmen Brotsorten kaufen) bereits 2 bis 3 g Kochsalz enthalten – also die Hälfte unseres Tagespensums. Rechnen wir nun noch unseren durchschnittlichen Tageskonsum an Brotbelag (Wurst, Schinken, Käse usw.) hinzu, so sind wir bereits bei einer Salzmenge von 5 bis 8 g, haben unsere Kochsalz-Obergrenze also längst überschritten, ohne das Gefühl zu haben, etwas besonders „Salziges" gegessen zu haben.

Bei der (industriellen oder eigenhändigen) Zubereitung der Lebensmittel fallen weitere 4 bis 5 g Salz an; und wer meint, nun bei Tisch auch noch nachsalzen zu müssen, der muss noch einmal 1 bis 2 g Natriumchlorid hinzurechnen – da ist man schnell bei 10 bis 15 g Kochsalz pro Tag angelangt.

Da hilft nur eines: bereits beim Einkaufen Kochsalz einsparen, wo es nur geht, indem man besonders salzhaltige Nahrungsmittel meidet. Mit Hilfe der in diesem Buch abgedruckten Lebensmittel-Listen ist das ein Kinderspiel; schon nach ein paar Wochen „bewussten Einkaufens" hat man die Listen im Kopf – und bis es so weit ist, kann man sich behelfen, indem man vorher Einkaufslisten aufstellt und ganz konsequent nur das einkauft, was auch wirklich vorgesehen war. Der Einfachheit und Übersichtlichkeit halber werden die Nahrungsmittel je nach ihrem Natrium- bzw. Kochsalzgehalt in drei Gruppen eingeteilt:

Einteilung der Lebensmittel

Natriumgehalts-Kategorie	Natrium-gehalt[1]	Kochsalz-gehalt[1]	Eignung für Bluthochdruckpatienten
niedrig	bis 120 mg	bis 0,3 g	☺
mittel	120–400 mg	0,3–1 g	😐
hoch	über 400 mg	über 1 g	☹

1) pro 100 g Lebensmittel

**Empfohlen werden für den Bluthochdruckpatienten:
5–6 g Kochsalz pro Tag**

Die Lebensmittel mit niedrigem Natriumgehalt sind für den Hochdruckpatienten ideal; hier kann man (sofern der Cholesteringehalt und der Gehalt an gesättigten Fettsäuren nicht zu hoch ist) nach Herzenslust zugreifen und schlemmen. Nahrungsmittel mit mittlerem Natriumgehalt sind bedingt geeignet – d. h., man darf sie zwar zu sich nehmen, muss aber dabei schon ein bisschen auf die Menge achten. Lebensmittel mit hohem Natriumgehalt sollte man am besten ganz meiden oder zumindest nur gelegentlich und in kleinen Portionen essen.

Bevorzugen Sie naturbelassene Lebensmittel!

Grundsätzlich gilt, dass frische, naturbelassene Lebensmittel (frischer Fisch sowie frisches Fleisch, Obst, Gemüse und Getreide) relativ wenig Kochsalz enthalten. (Am kochsalzärmsten sind Obst und Gemüse.) Das Problem beginnt erst mit der industriellen Verarbeitung: Denn dabei wird den Nahrungsmitteln Kochsalz zugesetzt – nicht immer nur zur geschmacklichen Verbesserung, sondern auch als Konservierungsmittel, um sie haltbar zu machen.

Am deutlichsten zeigt sich das beim Gemüse, das an sich zu den natriumarmen Lebensmitteln gehört: 100 g verzehrfertige Erbsen enthalten in naturbelassenem Zustand nur 0,9 mg Natrium, aus der Dose (ohne Gemüsewasser) hingegen mehr als 250-mal so viel, nämlich 230 mg. Wenn man nun beim Servieren auch noch nachsalzt oder zu den Erbsen Salzkartoffeln und (ebenfalls mit Salz gegartes) Fleisch reicht, hat man seinem Organismus bereits mit einer einzigen Mahlzeit sehr viel Kochsalz zugeführt. Gleichzeitig sinkt durch die Konservierung der Kaliumgehalt des Gemüses: 100 g verzehrfertige Erbsen haben in naturbelassenem Zustand einen Kaliumgehalt von 380 mg; wenn sie aus der Dose kommen, enthalten sie nur noch 180 mg Kalium – ganz zu schweigen von den anderen wertvollen Mineralien, Vitaminen und Inhaltsstoffen, die durch die Konservierung verloren gehen.

Vorsicht auch bei allem, was sauer eingelegt oder mariniert ist: Die schwarzen (griechischen) marinierten Oliven liegen mit 3288 mg Natrium pro 100 g an der Spitze; die grünen enthalten immerhin auch noch 2250 mg. Salzgurken, sauer eingelegte Maiskölbchen, Paprikaschoten und sonstige Mixed Pickles gehören ebenfalls zu den Lebensmitteln, die man lieber meiden sollte. Auch Sauerkraut hat normalerweise einen ziemlich hohen Natriumgehalt; manche Hersteller bieten jedoch natriumarmes Sauerkraut an. Wer auf das Kraut nicht verzichten möchte, weil er es gern isst oder weil es so gesund ist, der sollte sich im Reformhaus nach solchen Produkten erkundigen.

Ebenfalls hoch ist der Natriumgehalt bei allen Fisch-, Fleisch- und Wurstwaren, die zur Haltbarmachung geräuchert oder gepökelt werden.

100 g Räucherschinken enthalten rund 1400 mg Natrium und die Salami ist mit einem Natriumgehalt von 1260 mg auch nicht viel besser. Zu den Lebensmitteln mit mehr als 400 mg Natrium pro 100 g gehören außerdem Wiener Würstchen (914 mg), Bratwurst (520 mg), Mettwurst (1090 mg), Fleischkäse (599 mg) und Bierschinken (753 mg).

Einen traurigen Rekord unter den Fischprodukten hält der Salzhering mit 5930 mg Natrium pro 100 g, gefolgt von Lachs in Öl mit 4070 mg, Seelachs in Öl mit 2900 mg, Matjeshering mit 2500 mg und russischem Kaviar mit 2200 mg. Hier ist äußerste Vorsicht geboten. Ein kleiner Tipp: Wenn Sie sich ausnahmsweise doch einmal einen Salz- oder Matjeshering gönnen wollen, wässern Sie den Salzhering vor der Zubereitung bzw. legen Sie den Matjes vor dem Verzehr in Buttermilch ein, dadurch lässt sich der Salzgehalt zumindest etwas reduzieren.

Grundsätzlich aber sollten Hypertoniker konservierte Lebensmittel (vor allem in Salz Eingelegtes, Gepökeltes und Geräuchertes) meiden und ihre Speisen, wann immer es geht, aus frischen Nahrungsmitteln selbst zubereiten. Falls das nicht möglich ist, sind tiefgefrorene Lebensmittel immer noch wesentlich besser geeignet als Konserven. Das gilt jedoch nicht für die Fertigmenüs aus der Tiefkühltruhe, die oft beträchtliche Mengen Kochsalz enthalten!

Vorsicht ist übrigens nicht nur bei konservierten Lebensmitteln geboten, sondern grundsätzlich bei allen Fertiggerichten und -produkten (z. B. Fertigsuppen, Fertig-Würzmischungen, Fleisch- und Wurstsalaten) – selbst bei solchen, bei denen man auf den ersten Blick vielleicht gar nicht vermutet, dass sie viel Salz enthalten. Vom hohen Salzgehalt des Brotes war bereits die Rede: Mit einem Natriumgehalt von 385–540 mg (Weißbrot), 550 mg (Roggenvollkornbrot) oder 660 mg (Pumpernickel) ist es „nicht ohne". Salzarme Diät-Brotsorten sind im Reformhaus und in manchen größeren Bäckereien erhältlich; oder man isst statt des Brotes zum Abendessen öfter mal einen Salat (mit selbst zubereitetem, kochsalzarmem Dressing) und zum Frühstück statt des Brötchens und des weich gekochten Eis (das zwar an sich natriumarm ist, aber zum Salzen verführt) lieber ein Müsli. Aber auch da muss man auf den Natriumgehalt achten: Fertigmüslis enthalten oft recht viel Salz; das Gleiche gilt für Cornflakes (in den Angaben auf der Verpackung nach dem Salz- bzw. Natriumgehalt schauen!). Besser ist es, sich aus Getreideflocken, Reis oder Grieß selbst ein Müsli zuzubereiten.

Salzgebäck aller Art (nicht nur Salzstangen, sondern auch Brezeln, Laugenbrötchen, Cräcker, Kartoffelchips und Ähnliches) sind überhaupt nicht zu empfehlen, ebenso die berüchtigten Salznüsse und Salzmandeln. Gegen ungesalzene Nüsse und Kerne ist nichts einzuwenden, sofern Sie keine Probleme mit Ihrem Gewicht haben. (Nüsse und Kerne sind „Kalorienbomben"!)

Auch bei manchen Milchprodukten ist Zurückhaltung geboten. Zu den Lebensmitteln mit niedrigem Natriumgehalt, bei denen man (sofern man keine Gewichtsprobleme hat) ohne Bedenken zugreifen kann, gehören Milch, Sahne, Sauerrahm, Buttermilch, Joghurt, Kefir und Quark. Ziemlich kochsalzreich sind hingegen die meisten Käsesorten: Viele Hart- und Schnittkäse wie Edamer und Gouda sowie Schmelz- und Weichkäsesorten wie Tilsiter, Romadur, Limburger, Camembert und Brie gehören zu den Nahrungsmitteln mit hohem Natriumgehalt; das Gleiche gilt für Schimmelkäse.

Besser geeignet ist Frischkäse, da er nicht oder nur schwach gesalzen wird. Natürlich darf man keinen angemachten Frischkäse kaufen; besser ist es, sich als „Käse-Ersatz" Magerquark oder Frischkäse aufs Brot zu streichen, den man selbst ohne oder mit nur wenig Salz, dafür aber mit vielen frischen Kräutern und Gewürzen angemacht hat. Das ist gesünder und schmeckt mindestens genauso gut. Gegen Butter als Streichfett ist grundsätzlich nichts einzuwenden; aber natürlich sollte es keine gesalzene Butter sein.

„Natriumarme" Lebensmittel – wie sinnvoll sind sie?

In Reformhäusern findet man spezielle „streng natriumarme", „natriumarme" und „natriumverminderte" Lebensmittel. Für sie gelten folgende Richtlinien:

**Richtlinien für
natriumarme und natriumverminderte Lebensmittel**

● **Streng natriumarme Lebensmittel** haben einen Natriumgehalt von weniger als 40 mg pro 100 g Lebensmittel. (Das sind weniger als 0,1 g Kochsalz.)

● **Natriumarme Lebensmittel** enthalten 40–120 mg Natrium pro 100 g. (Das entspricht 0,1–0,3 g Kochsalz.)

● **Natriumverminderte (kochsalzverminderte) Lebensmittel** enthalten bis zu 250 mg Natrium pro 100 g. (Das entspricht etwa 0,6 g Kochsalz.)

Auf „natriumarme" bzw. „streng natriumarme" Lebensmittel zurückzugreifen, ist in der Regel nur dann sinnvoll, wenn eine starke Einschränkung der Kochsalzaufnahme notwendig ist – beispielsweise bei schweren Nierenerkrankungen oder Herzmuskelschwäche mit Ödemen (Wasseransammlung) im Körper. Bluthochdruckpatienten können auf solche Lebensmittel verzichten. Für sie sind lediglich die „natriumverminderten" Lebensmittel zu empfehlen, aber auch nicht unbedingt notwendig: Denn wer sich kochsalzbewusst ernährt, kann auch bei einer „normalen" Ernährung das Limit von 5 bis 6 g Kochsalz pro Tag mühelos einhalten und braucht nicht auf solche diätetischen Produkte zurückzugreifen.

Würzen statt salzen!

Außer dem „versteckten" Salz in verschiedenen Nahrungsmitteln, von dem gerade die Rede war, gibt es natürlich auch noch das „sichtbare" Kochsalz, das wir bei der Zubereitung unserer Speisen verwenden und mit dem viele Menschen ihr Essen überflüssigerweise auch noch bei Tisch nachsalzen. Den größten Teil unseres täglichen Kochsalzkonsums macht zwar das versteckte Salz aus; aber auch auf das sichtbare Salz sollte man achten und versuchen, bei der Zubereitung der Speisen möglichst ohne oder mit ganz wenig Kochsalz auszukommen. Außerdem sollten Sie den Salzstreuer endgültig von Ihrem Esstisch verbannen und auf das Nachsalzen verzichten.

Das ist gar nicht so schwierig, wie es auf den ersten Blick vielleicht erscheinen mag: Denn es gibt unzählige schmackhafte Kräuter und Gewürze, die Ihren Speisen ein viel aparteres Aroma verleihen können als das immer gleich schmeckende Salz. Außerdem gibt es Garmethoden, bei denen der Eigengeschmack der Lebensmittel weitgehend erhalten bleibt, sodass man beim Garen ganz ohne Kochsalz oder zumindest mit einer winzig kleinen Prise Salz auskommt.

Zu diesen schonenden Garmethoden gehören beispielsweise Dämpfen, Dünsten, Grillen und Garen im Dampfdrucktopf. Wenn man Lebensmittel (z. B. Gemüse oder Kartoffeln) in Wasser gart, sollte man möglichst wenig Wasser verwenden und Gemüse stets nur kurz („al dente") garen; dadurch bleibt der Eigengeschmack besser erhalten. Fleisch und Fisch können Sie in Edelstahltöpfen und -pfannen oder in kunststoffbeschichteten Pfannen mit wenig Fett garen. Wenn Sie sie in Alufolie im Backofen oder Grill garen, kommen Sie nicht nur ohne Kochsalz, sondern auch ohne Fett aus – wichtig für Patienten, die auch auf ihr Gewicht und auf den Fettgehalt ihrer Speisen achten müssen.

Der Verzicht aufs Kochsalz fällt leichter, wenn man sich angewöhnt, ein wenig mit Kräutern und Gewürzen zu experimentieren. Neben der Vielfalt heimischer Kräuter und Gewürze gibt es auch noch unzählige Exoten, die chinesischen, indischen und südamerikanischen Gerichten den gewünschten fremdartig-würzigen Anstrich verleihen. Am besten, man legt sich nach und nach eine „Grundausstattung" der wichtigsten Kräuter und Gewürze zu – und vielleicht auch noch ein Buch, in dem sie mitsamt ihren Anwendungsmöglichkeiten beschrieben sind.

Noch besser als getrocknet oder tiefgekühlt schmecken Kräuter und Gewürze natürlich in frischem Zustand; außerdem haben sie so den höchsten Gehalt an wertvollen Vitaminen, Mineralien und anderen gesundheitsfördernden Inhaltsstoffen. Basilikum, Petersilie, Dill, Zitronenmelisse, Bohnenkraut und Lavendel gibt es in den meisten größeren Lebensmittelläden und Feinkostgeschäften, auf dem Markt oder in der Markthalle in Töpfen zu kaufen. Wer ein solches „Kräuterarsenal" auf dem Balkon oder in der Küche auf dem Fensterbrett hat, wird dem Kochsalz bald keine Träne mehr nachweinen.

Aber nicht nur mit Gewürzen kann man seinen Gerichten ein interessantes Aroma verleihen; es gibt auch noch andere Möglichkeiten. Saucen kann man beispielsweise – je nach gewünschter Geschmacksrichtung – mit ein paar Spritzern Zitronensaft, mit klein geschnittener Schalotte oder Frühlingszwiebel, mit Wurzelgemüse oder getrockneten Pilzen verfeinern. Ohne Fett in der Pfanne geröstete Nüsse und Kerne (z. B. Sonnenblumen-, Sesam-, Kürbis- oder Pinienkerne) machen aus Suppen, Saucen und vielen anderen Gerichten einen Leckerbissen. Eine weitere Möglichkeit der Aromatisierung sind kräftig schmeckende Öle und Essige wie beispielsweise Balsamicoessig, Kräuteressig und Oliven-, Kürbiskern- oder Walnussöl. Vor allem Salatdressings und Saucen erhalten dadurch ein ausgesprochen interessantes Aroma. Bei der Zubereitung von Fleisch kann man ganz oder zumindest weitgehend ohne Salz auskommen, wenn man es in Knoblauch- oder Kräuteröl mariniert oder vor der Zubereitung in eine Rot- oder Weißweinmarinade einlegt.

Bei den Gewürzen gibt es allerdings auch Einschränkungen: Rosmarin und Lakritze zum Beispiel haben eine leicht blutdruckerhöhende Wirkung. In den geringen Mengen, in denen man sie normalerweise konsumiert, sind sie aber sicher nicht bedenklich. Auch die vielen im Handel erhältlichen Gewürzmischungen, -saucen und sonstigen -produkte sind mit Vorsicht zu genießen. Für sie gilt das Gleiche wie für alle Fertigprodukte: Sie enthalten Salz, und zwar oft in erheblichen Mengen. Besonders „gefährlich" sind Instant-Fleischbrühen, Brühwürfel, Fleischextrakte, Senf, Tomatenmark, Tomatenketchup, Mayonnaisezubereitungen, Remouladensauce, Sojasauce – überhaupt die meisten fertigen Saucen, Salatdressings und Marinaden. Lassen Sie Fertig-Gewürzmischungen wie Gulaschgewürz, Steakgewürz usw. im Regal stehen und bevorzugen Sie reine Kräuter und Gewürze. Auch Currymischungen können Kochsalz enthalten; es gibt aber auch salzfreie Currysorten. Schauen Sie auf der Zutatenliste nach, ob Kochsalz enthalten ist, oder fragen Sie im Reformhaus nach einer salzfreien Currymischung!

Tipps zum Salzsparen bei der Zubereitung von Speisen

- Das Kochwasser für Kartoffeln, Teigwaren und Reis nur schwach salzen; dafür nach dem Garen Kräuter und Gewürze hinzufügen.
- Speisen mit gesalzenen Zutaten (z. B. Käse, Brühe, Gewürzgurken) und Fertiggerichte, die bereits Salz enthalten, brauchen gar nicht mehr gesalzen zu werden.
- Kräuter und Gewürze immer erst nach der Zubereitung kurz vor dem Verzehr hinzufügen, dann verleihen sie den Speisen ein intensiveres Aroma.
- Fleisch sollte erst nach dem Anbraten oder Fertigbraten sparsam gesalzen werden.

1 Prise Salz ≈ 0,5 g
1 Messerspitze Salz ≈ 1 g
1 Teelöffel Salz ≈ 5 g

Wie grundsätzlich für Bluthochdruckkranke, so gilt auch hier: Selber machen ist besser als fertig kaufen. Mit ein wenig Übung und Erfahrung lernen Sie bald, aus verschiedenen reinen Kräutern und Gewürzen Ihre eigenen Mischungen herzustellen. Aus Zwiebeln, Knoblauch, Paprika, Meerrettich oder pürierten Tomaten kann man – eventuell unter Hinzufügung verschiedener gerösteter Nüsse und Kerne – würzige Pasten zaubern, die sich als Brotaufstrich, Fleischgewürz oder als Dips für Rohkostgemüse eignen. Statt fertigen Kräuterquark, Kräuterfrischkäse oder Kräuterbutter im Laden zu kaufen (diese Produkte enthalten oft viel Salz), ist es besser, sich zu Hause seinen Quark oder Frischkäse selbst mit frischen Kräutern anzumachen. Olivenöl und Essig kann man mit verschiedenen Kräutern ansetzen und erhält dann köstliches Kräuteröl oder würzigen Kräuteressig – sehr lecker und garantiert kochsalzarm.

Kochsalzersatzmittel – ja oder nein?

In Drogerien und Reformhäusern gibt es so genannte Kochsalzersatzmittel – Alternativen zum Kochsalz, die wenig Natrium und dafür verschiedene Verbindungen mit Kalium, Kalzium oder Magnesium enthalten. Diese Kochsalzersatzmittel sind jedoch nicht uneingeschränkt zu empfehlen: Erstens enthalten manche von ihnen sehr viel Kalium und sind für Nierenkranke daher unter Umständen gefährlich. Sie dürfen solche Würzmittel nur nach Rücksprache mit dem Arzt verwenden.

Außerdem sind die meisten dieser Kochsalzersatzmittel vom Geschmack her nicht sehr befriedigend. Viele Patienten, die sie probiert haben, kamen wieder davon ab, weil sie den Beigeschmack als unangenehm empfanden. Wenn man sie nicht exakt dosiert, können sie den Eigengeschmack der Nahrungsmittel erheblich verändern. Deshalb ist es am besten, ganz auf solche Würzmittel zu verzichten und lieber, wie bereits empfohlen, auf Kräuter und Gewürze zurückzugreifen. Wenn man doch einmal Kochsalzersatzmittel in der Küche verwendet, sollte man sie erst nach dem Garen hinzufügen und sehr sparsam dosieren.

Neben den Kochsalzersatzmitteln findet man im Reformhaus auch noch Diätsalze wie beispielsweise Meersalz, Kräutersalz oder Steinsalz. Solche Diätsalze enthalten stets Natrium, eignen sich also nicht als Kochsalzersatz! Falls Sie nicht sicher sind, ob es sich bei dem Salz, das Sie kaufen möchten, um ein natriumfreies Produkt handelt, fragen Sie lieber nach.

Eine empfehlenswerte Alternative zum Kochsalz ist der Geschmacksverstärker Glutamat, da er den Eigengeschmack der Speisen verstärkt und damit den Verzicht auf Salz leicht macht. Hinzu kommt, dass dieser Geschmacksverstärker weitaus weniger Natrium enthält als das Kochsalz; wenn man Glutamat zum Würzen der Speisen verwendet, kann man seinen Natrium-Konsum also erheblich reduzieren. Zwar hat es in der vergangenen Zeit einige negative Berichte über Glutamat gegeben, da bei manchen Menschen nach dem Genuss mit Glutamat gewürzter Speisen Unverträglichkeitsreaktionen eintraten, die man als „Chinarestaurant-Syndrom" bezeichnet: Kopfschmerzen, Übelkeit, Wärme, Druck- oder Taubheitsgefühle, Herzklopfen, Prickeln in Gesicht, Nacken, Schultern, Brust usw. Allerdings ist der Zusammenhang zwischen solchen Symptomen und dem Glutamatgehalt der Speisen nicht erwiesen. Sollten Sie unter solchen Unverträglichkeitsreaktionen leiden, können Sie statt des in manchen unserer Rezepte angegebenen Glutamats auch verschiedene Kräuter und Gewürze, spezielle natriumarme Gewürzmischungen und natriumarme Gemüsebrühe (im Reformhaus erhältlich) verwenden.

Welche Getränke sind zu empfehlen?

Kaffee, Tee, Limonaden und Obstsäfte enthalten kein oder jedenfalls nicht viel Kochsalz, eignen sich also grundsätzlich gut als Getränke für Bluthochdruckpatienten.

Vorsicht ist bei manchen gekauften Gemüsesäften wie Rote-Bete- und Sauerkrautsaft oder gemischten Gemüsesäften angebracht: Sie enthalten zum Teil ziemlich viel Kochsalz. Man muss also immer das Etikett auf der Verpackung studieren und auf den Kochsalzgehalt achten – oder noch besser: Man steigt auf frischgepresste Gemüsesäfte um. Das ist in jedem Fall die salzärmere und gesündere Alternative.

Kochsalzreich sind hingegen Coca-Cola, Instant-Schokogetränke und viele Sportlergetränke und isotonische Getränke; Letztere können bis zu 690 mg Natrium pro Liter enthalten, das entspricht ungefähr 1,7 g Kochsalz. Bei Tafel-, Quell-, Mineral- und Heilwässern gibt es große Unterschiede: Manche enthalten viel, andere wenig Kochsalz. Wenn man nur kleine Mengen trinkt – bis zu 200 ml (das entspricht in etwa einem Glas) pro Tag –, ist die Kochsalzmenge so gering, dass man sie nicht zu berücksichtigen braucht. Trinkt man jedoch mehr Mineralwasser, sollte man auf den Kochsalzgehalt achten und ein kochsalzarmes Wasser wählen.

Bei Mineral- und Heilwässern ist der Gehalt an Natrium und anderen Mineralien und Spurenelementen auf dem Etikett angegeben. Im Mineralwasser liegt das Natrium aber häufig nicht nur in der Verbindung Natriumchlorid (= Kochsalz), sondern vielfach auch als Natriumbikarbonat vor, und solche Natriumsalze erhöhen nicht den Blutdruck. Man muss bei Mineralwässern also stets auf den Natrium- *und* den Chloridgehalt achten. Etliche Mineralwässer enthalten nämlich viel Natrium und viel Bikarbonat, aber nur wenig Chlorid. Solche Wässer sind trotz ihres hohen Natriumgehalts kochsalzarm und gut für Hypertoniker.

Deshalb empfiehlt es sich, bei Mineralwässern den Kochsalzgehalt nicht aus dem Natriumgehalt, sondern lieber aus dem Chloridgehalt zu errechnen, sonst kommt man zu irreführenden Ergebnissen. Als Faustregel kann man sich merken: Bei Mineralwässern mit einem Chloridgehalt unter 300 mg/kg liegt der Kochsalzgehalt unter 0,5 g/l, also relativ niedrig. Normalerweise darf ein Getränk als „natriumarm" bezeichnet werden, wenn es nicht mehr als 2 mg Natrium pro 100 ml enthält. Mineralwässer sind laut Mineral- und Tafelwasserverordnung dann natriumarm, wenn der Natriumgehalt unter 20 mg/l liegt.

Formel zur Errechnung des Kochsalzgehalts von Mineralwässern:

Chloridgehalt (in mg/kg) x 1,66 = Kochsalzgehalt (in mg/kg)

(Die Abkürzung für Chlorid lautet Cl)

Lebensmitteltabellen erleichtern die Planung

Um Ihnen das Einkaufen und die kochsalzbewusste Ernährung leichter zu machen, haben wir am Ende dieses Kapitels für Sie ausführliche Tabellen von Lebens- und Würzmitteln mit niedrigem, mittlerem und hohem Kochsalzgehalt zusammengestellt. So können Sie – wenn Sie sich die Mühe machen, Ihre Nahrungsmittel vor dem Essen abzuwiegen und ein wenig „Buch zu führen" – ganz leicht Ihren täglichen Kochsalzkonsum errechnen. Bald wird es bestimmt nicht mehr nötig sein, alles genau aufzuschreiben, weil Sie allmählich ein Gespür dafür entwickeln, welche Nahrungsmittel für Sie geeignet sind, und beim Einkaufen automatisch zu den kochsalzärmeren Produkten greifen.

Wichtig: Jodmangel vorbeugen!

Da Deutschland zu den Jodmangelgebieten zählt, ist es bei einer kochsalzbeschränkten Kost ganz besonders wichtig, auf eine ausreichende Jodzufuhr zu achten.

Der tägliche Jodbedarf beträgt bei Jugendlichen und Erwachsenen 180–200 Mikrogramm, bei Schwangeren 230 und bei stillenden Müttern 260 Mikrogramm. Im Durchschnitt nehmen wir in Deutschland aber nur etwa ein Drittel davon mit der täglichen Nahrung auf – nämlich 70 bis 80 Mikrogramm. Diese dauerhafte Jod-Unterversorgung kann gefährlich sein, denn bei vielen Menschen führt sie zu einer Schilddrüsenunterfunktion. Um dem entgegenzuwirken, empfiehlt die Deutsche Gesellschaft für Ernährung (DGE), grundsätzlich jodiertes Speisesalz zu verwenden. Wer allerdings gezwungen ist, sich salzarm zu ernähren, weil er an zu hohem Blutdruck leidet, der wird selbst bei ausschließlicher Verwendung von jodiertem Speisesalz nur sehr schwer auf die erforderliche tägliche Jodmenge kommen – zumal in der Lebensmittelproduktion, in den Restaurants und Bäckereibetrieben trotz Empfehlung der DGE noch längst nicht überall Jodsalz verwendet wird.

Die einzigen Nahrungsmittel, die größere Mengen an Jod enthalten, sind bestimmte Seefische (vor allem Schellfisch, Seelachs, Scholle und Kabeljau) und Krustentiere wie Garnelen, Muscheln, Hummer, Krabben und Langusten. (Krustentiere sind allerdings sehr cholesterinreich.) Bluthochdruckkranke sollten daher nach Möglichkeit mehrmals pro Woche Seefisch (in kochsalzarmer Zubereitung) und dafür lieber nicht so viel Fleisch und Wurstwaren essen. Außerdem sollten sie in der Küche grundsätzlich nur jodiertes Speisesalz verwenden und auch beim Einkauf von Wurst, Brot- und Backwaren mit Jodsalz hergestellte Produkte bevorzugen. Eventuell ist (nach Rücksprache mit dem Arzt) zusätzlich die Einnahme von Jodidtabletten sinnvoll.

Was Bluthochdruckkranke beim Essen in der Kantine und im Restaurant beachten müssen

Grundsätzlich ist es natürlich immer besser, frische, naturbelassene Nahrungsmittel zu sich zu nehmen oder sich seine Speisen selbst aus solchen Lebensmitteln zuzubereiten. Aber leider ist das nicht immer möglich. Vor allem Berufstätige haben es in dieser Hinsicht schwer. Sie sind auf Kantinenessen oder aufs Essen im Restaurant angewiesen; in vielen Berufsgruppen finden auch häufig Geschäftsessen statt.

Unter solchen Umständen ist die Einhaltung einer kochsalzarmen Diät natürlich nicht immer einfach. Schließlich weiß niemand, mit wie viel Kochsalz das Essen in dem betreffenden Restaurant oder in der Kantine zubereitet wird. Trotzdem kann man seinen Salzkonsum durch gezielte Auswahl der Speisen auch in solchen Fällen reduzieren. Grundsätzlich empfiehlt es sich, Suppen und Saucen zu meiden, ebenso alle fertigen Salatdressings und Mayonnaise. Stattdessen sollte man auf gekochten Seefisch, gekochtes Fleisch, gegrilltes Steak, Schnitzel „natur" oder vegetarische Gerichte ausweichen. (Vegetarische Fertiggerichte können allerdings auch kochsalzreich sein.) Fleischlose Gerichte werden inzwischen in fast allen Restaurants und auch in vielen größeren Kantinen angeboten und sind für den Hypertoniker immer die gesündere Alternative, da sie in der Regel weniger Kochsalz und mehr Kalium enthalten. Man sollte seinen Salat stets ohne Dressing bestellen und ihn selbst mit Essig, Öl und Pfeffer (ohne oder mit nur einer winzig kleinen Prise Salz) anmachen. Statt Salzkartoffeln kann man Folienkartoffeln oder Reis als Beilage bestellen.

Für Berufstätige empfiehlt es sich, zumindest zwei- bis dreimal pro Woche selbst zubereitetes Essen mit zur Arbeit zu nehmen; so hat man den Kochsalzgehalt seiner Speisen unter Kontrolle. Für Menschen, die viel auf Reisen sind und deshalb meistens im Restaurant essen müssen, gibt es überall in Deutschland Gaststätten, Hotels und Kurbetriebe, bei denen kochsalzarme Kost und auch andere Diätverpflegung (beispielsweise cholesterin- und kalorienarme Gerichte) erhältlich sind. Vorherige telefonische Anmeldung ist empfehlenswert. Ein Verzeichnis dieser Betriebe, die das Gütezeichen „RAL Diätverpflegung" tragen, erhält man gegen DM 5,– in Briefmarken bei der Gütegemeinschaft Diätverpflegung (Moorenstraße 80, 40225 Düsseldorf, Tel.: 02 11/33 39 85).

Wer eine kochsalzreiche Kost nicht völlig umgehen kann, da er sehr häufig in der Kantine, Autobahnraststätte oder im Restaurant essen muss bzw. zu häufigen Geschäftsessen gezwungen ist, der sollte zum Ausgleich hin und wieder einen salzarmen Obst-, Kartoffel- oder Reistag einlegen – das ist eine Wohltat für den Blutdruck und außerdem ideal zum Entwässern. Hierzu gibt es viele Möglichkeiten: Man kann den Reis

z. B. mit viel frischem Obst, Nüssen und Kernen oder mit Gemüse und Rohkost kombinieren; zu Pellkartoffeln schmeckt Kräuterquark sehr gut und Kartoffelbrei kann man ohne Salz mit etwas Milch und vielen frischen Kräutern zubereiten.

Kalium, Kalzium und Magnesium

Kalium fungiert in unserem Organismus in vielerlei Hinsicht als Gegenspieler zum Natrium: Während Natrium in der Verbindung NaCl bei kochsalzempfindlichen Menschen den Blutdruck erhöht, hat Kalium eine blutdrucksenkende Wirkung. Während Natrium Wasser im Körper bindet, wirkt Kalium Wasser ausschwemmend und entschlackend. Nicht ohne Grund kommt Bluthochdruck bei Vegetariern seltener vor als bei den so genannten Gemischtköstlern: Die vegetarische Kost enthält mehr Kalium, das vor allem in Obst, Gemüse und Nüssen enthalten ist.

Die blutdrucksenkende Wirkung von Kalium ist ganz einfach zu erklären: Kalium fördert die Ausscheidung von Natrium aus dem Körper über die Niere und hat außerdem eine entspannende Wirkung auf die Blutgefäße – folglich sinkt der Blutdruck. Daher ist es für Bluthoch- druckpatienten ganz besonders wichtig, sich kaliumreich zu ernähren.

Kaliumreiche Lebensmittel

● Kakaopulver	● Gartenkresse
● Sojabohnen	● Avocado
● Petersilie	● Kartoffeln
● weiße Bohnen	● Grünkohl
● Weizenkleie	● Brokkoli
● Trockenfrüchte (z. B. Apri-kosen, Pflaumen, Feigen, Datteln)	● frische Erbsen
	● Sesamkerne
	● Vollmilchschokolade
● Pistazienkerne	● Pumpernickel
● Weizenkeime	● Banane
● Nüsse	● Haferflocken
● Linsen	● Beeren
● Rosinen	● Vollkornbrot
● Dill	● Forelle
● Spinat	● Seefisch

Wir nehmen mit der Nahrung aber weit mehr Natrium als Kalium zu uns – zum einen, weil den Nahrungsmitteln heutzutage zur Konservierung und zum Würzen viel Salz zugesetzt wird, zum anderen, weil durch die industrielle Verarbeitung der Lebensmittel und auch durch die Zubereitung viel Kalium verloren geht. Diese Ernährung ist sehr ungesund. Ideal wäre es, wenn wir mehr als dreimal so viel Kalium wie Natrium zu uns nehmen würden, denn unser täglicher Kaliumbedarf liegt mit 2000 mg pro Tag wesentlich höher als der Natriumbedarf.

Die meisten Menschen nehmen jedoch zu wenig Kalium auf. Zurzeit sind es im Durchschnitt etwa 2 g pro Tag; die Kaliumzufuhr sollte auf über 3 g täglich gesteigert werden. Das ist gar nicht so schwierig; Sie brauchen nur den pflanzlichen Anteil Ihrer Nahrung zu erhöhen: Obst, Gemüse, Nüsse, Kerne und Getreideprodukte sind nämlich besonders kaliumreich. An der Spitze liegt das Kakaopulver mit 1500–2000 mg Kalium pro 100 g; dann folgen Sojabohnen (1740 mg/100 g), Petersilie (1500 mg/100 g), weiße Bohnen (1310 mg/100 g) und getrocknete Aprikosen (1175 mg/100 g). Pistazienkerne sind mit 970 mg/100 g wahre „Kaliumbomben", und auch Nüsse enthalten viel Kalium (460–825 mg/100 g). Mit Trockenpflaumen, Linsen, Rosinen, getrockneten Feigen oder Datteln, Bananen und Haferflocken kann man ebenfalls etwas für seinen Kaliumhaushalt tun. Kartoffeln sind kaliumreich und gleichzeitig natriumarm – aber natürlich nur, wenn man sie nicht als Salzkartoffeln, sondern als Folien- oder Pellkartoffeln zubereitet. Vollkornprodukte enthalten mehr Kalium als Feinmehlerzeugnisse. Von den tierischen Nahrungsmitteln sind Seefisch und Forelle besonders kaliumreich.

Auf die richtige Zubereitung kommt es an

Aber auch die gekonnte Zubereitung ist wichtig, damit es nicht zu Kaliumverlusten kommt. Frisches Obst und Gemüse enthält am meisten Kalium; daher sollte man viel frische Früchte und Rohkost essen oder frischgepresste Obst- und Gemüsesäfte trinken. Kartoffeln und Gemüse sollte man grundsätzlich in wenig Wasser garen; sonst wird zu viel Kalium ausgeschwemmt. Besonders „kaliumschonende" Garmethoden sind: Grillen, Garen in der Folie, in der kunststoffbeschichteten Pfanne, im Tontopf oder im Dampfdrucktopf. (Diese Zubereitungsmethoden haben außerdem den Vorteil, dass man dazu wenig oder gar kein Fett braucht, also Kalorien einspart.) Obst und Gemüse dürfen vor dem Garen nicht zu sehr zerkleinert werden und Kartoffeln sollte man grundsätzlich in der Schale garen. Wenn man Bohnen in Wasser einweicht, sollte man das Bohnenwasser auch zum Kochen verwenden.

Es gibt aber auch bestimmte Faktoren in unserer Lebensweise und Ernährung, die zu erhöhten Kaliumverlusten führen: Menschen, die stark schwitzen (beispielsweise Sportler), verlieren durch den Schweiß viel Kalium. Bei chronischer Einnahme von Abführmitteln und wassertreibenden Medikamenten (auch blutdrucksenkenden Mitteln, die gleichzeitig wassertreibend wirken) wird mehr Kalium über die Nieren ausgeschieden. Durchfälle, Erbrechen, Magersucht und extreme Hungerkuren führen ebenfalls zu Kaliumverlusten.

Vor einem Zuviel an Kalium braucht man keine Angst zu haben; wenn die Nieren normal funktionieren, wird das überschüssige Kalium einfach wieder ausgeschieden. Gefährlich kann eine hohe Kaliumzufuhr nur für Patienten mit Nierenfunktionsstörungen sein.

Und wie steht es mit Kaffee und Alkohol?

Dass Kaffee für Bluthochdruckkranke das reinste Gift sei, ist ein hartnäckiges Vorurteil, das sich über viele Jahre hinweg in den Köpfen der Menschen festgesetzt hat und immer noch weit verbreitet ist. Zwar stimmt es, dass der Blutdruck nach Kaffeegenuss bei manchen Menschen vorübergehend leicht ansteigt; er sinkt aber ebenso rasch wieder ab. Eine dauerhafte Erhöhung des Blutdrucks durch regelmäßigen Kaffeekonsum ist nicht zu befürchten. Hinzu kommt, dass Menschen, die regelmäßig Kaffee trinken, sich mit der Zeit daran gewöhnen: Sie entwickeln eine Toleranz gegenüber Koffein, sodass bei ihnen der Blutdruck nach Kaffeegenuss überhaupt nicht mehr ansteigt. Nur bei Menschen, die selten Kaffee trinken, zeigt sich der blutdruckerhöhende Effekt, der aber auch bei ihnen so geringfügig ist, dass sie sich ihr gelegentliches Tässchen Kaffee als „Muntermacher" ruhig gönnen dürfen.

In vernünftigen Mengen und mäßig stark genossen, ist Kaffee also für den Bluthochdruckpatienten kein Problem. Als Aufputschmittel sollten Sie den Kaffee aber nicht benutzen. (Als starker Kaffeetrinker gilt man ab etwa sechs Tassen pro Tag.) Wenn Sie vom Kaffeetrinken Herzklopfen bekommen und zitterig und nervös werden, ist das ein Alarmsignal dafür, dass Ihre Blutdruckwerte steigen; dann ist es Zeit, den Kaffeekonsum einzuschränken. Noch besser ist es, auf grünen Tee umzusteigen. Zwar enthält auch Tee Koffein und hat damit eine ähnlich „munter machende" Wirkung wie der Kaffee. Aber das Koffein im Tee ist an die im Teeblatt enthaltenen Gerbstoffe gebunden und wird deshalb viel langsamer in den Blutkreislauf abgegeben als das Koffein des Kaffees. Deshalb ist die Wirkung milder und sanfter: Der anregende Effekt tritt langsamer ein und ist weniger stark; dafür hält er länger an, während Kaffee eher aufputschend wirkt.

Wissenschaftliche Untersuchungen haben gezeigt, dass Grüntee eine blutdrucksenkende Wirkung hat und entspannend auf das zentrale Nervensystem wirkt. Zwar kann das Koffein des grünen Tees bei manchen Menschen (ähnlich wie das Koffein des Kaffees) vorübergehend zu einem leichten Blutdruckanstieg führen; langfristig betrachtet senkt grüner Tee jedoch den Blutdruck. Gleichzeitig wirkt Grüntee auch noch blutverdünnend, d. h., er hemmt die Verklumpungsneigung unserer Blutplättchen und beugt dadurch Herzinfarkt und Schlaganfall vor. Wer trotzdem Bedenken hat, kann seinen Tee „koffeinarm" zubereiten: weniger Teeblätter (höchstens einen gestrichenen Teelöffel pro Tasse) verwenden und länger (4–8 Minuten) ziehen lassen. Fragen Sie im Teegeschäft nach koffeinarmen Sorten, beispielsweise dem japanischen Bancha.

Vorsicht: Alkohol erhöht den Blutdruck!

Ganz anders als beim Kaffee sieht es mit dem Alkohol aus: Er hat eindeutig eine blutdruckerhöhende Wirkung und ist daher für Hypertoniker mit Vorsicht zu genießen. Medizinische Studien haben gezeigt, dass erhöhte Blutdruckwerte bei Menschen, die vorher regelmäßig Alkohol getrunken hatten, sinken, wenn sie ihren Alkoholkonsum reduzieren oder ganz auf Alkoholisches verzichten. Besonders ausgeprägt ist dieser Effekt bei Menschen mit starkem Alkoholkonsum. Oft normalisiert sich der Blutdruck sogar völlig.

Außerdem ist Alkohol eine „Kalorienbombe". Da Hypertoniker in der Regel auch auf ihr Gewicht achten müssen, ist schon deshalb regelmäßiger Alkoholkonsum zu meiden.

Bluthochdruckkranke brauchen aber nicht unbedingt ganz auf Alkohol zu verzichten. Bei einer Alkoholzufuhr von weniger als 30 g pro Tag ist das Risiko eines Blutdruckanstiegs gering. Daher wird Menschen mit zu hohem Blutdruck allgemein empfohlen, ihren Alkoholkonsum auf unter 30 g täglich zu senken und nach Möglichkeit nicht täglich Alkohol zu trinken. (30 g Alkohol entsprechen zwei Gläsern Bier à 300 ml, zwei Gläsern Wein à 150 ml oder zwei kleinen Gläschen „Hochprozentigem".)

Besonders wichtig: eine ballaststoffreiche Ernährung!

Ballaststoffe sind in pflanzlicher Kost (Obst, Gemüse, Getreide) enthaltene unverdauliche Kohlenhydrate (z. B. Faserstoffe, Pflanzenschleime und Pektine). Sie passieren den Verdauungstrakt unverändert und werden wieder ausgeschieden. Trotzdem sind sie für uns sehr wichtig: Ballaststoffe fördern nämlich die Verdauung, helfen beim Abnehmen und beugen Darmkrebs vor. Und sie tragen, wie man inzwischen weiß, auch zur Senkung eines zu hohen Blutdrucks bei. Besonders günstig wir-

Ballaststoffreiche Nahrungsmittel

	Ballaststoffgehalt[1]
Mehl, Getreideflocken und Teigwaren	
● Kleieflocken	33,0
● Sojamehl (vollfett)	18,5
● Weizenvollkornmehl	12,9
● Haferflocken	9,5
● Vollkornnudeln (roh)	8,0
Nüsse und Kerne	
● Leinsamen (ungeschält)	38,6
● Mohnsamen	20,5
● Mandeln	15,2
● Sesamsamen	11,2
● Erdnüsse	10,9
● Haselnüsse	7,4
● Walnüsse	6,1
● Pistazienkerne	6,5
● Sonnenblumenkerne (geschält)	6,3
Gemüse und Hülsenfrüchte, Salate	
● weiße Bohnen	17,0
● Linsen	10,6
● Schnittlauch (roh)	6,0
● grüne Erbsen (roh)	5,2
● Rosenkohl (roh)	4,4
● Zuckermais (roh)	4,0
● Paprika (roh)	3,6
● Gartenkresse (roh)	3,5
● Mohrrüben (roh)	3,4
● Brokkoli (roh)	3,0
● grüne Bohnen (roh)	3,0
● Weißkohl (roh)	3,0
● Spinat (roh)	2,6
● Sauerkraut (abgetropft, roh)	2,2
● Blumenkohl (roh)	2,0
● Kartoffel (roh)	2,1

1) in g pro 100 g Lebensmittel

	Ballaststoffgehalt[1]
Brot und Gebäck	
● Knäckebrot	14,0
● Vollkornkeks	10,0
● Vollkornzwieback	10,0
● Pumpernickel	9,3
● Mehrkornbrot	9,0
● Vollkornbrot (Roggen oder Weizen)	8,1–8,4
● Roggenbrot	6,5
● Roggenmischbrot	6,2
Obst	
● Feige (getrocknet)	12,9
● Apfel (getrocknet)	10,1
● Dattel (getrocknet)	9,0
● Aprikose (getrocknet)	8,6
● Johannisbeeren (schwarz)	6,8
● Avocado (roh)	6,3
● Rosinen	5,6
● Kaktusfeigen	5,0
● Heidelbeeren (roh)	5,0
● Pflaumen (getrocknet)	5,0
● Himbeeren (roh)	4,7
● Johannisbeeren (rot)	3,5
● Birne (roh)	3,3
● Stachelbeeren (roh)	3,0
● Kaki	2,5
● Kiwi	2,1
● Apfel (roh, ungeschält)	2,0
● Feige (roh)	2,0
● Mandarine (roh)	2,0
● Banane (roh)	1,8
Pilze	
● Pfifferlinge (getrocknet)	60,5
● Steinpilze (roh)	6,0
● Austernpilze (roh)	5,9
● Pfifferlinge (roh)	4,7

1) in g pro 100 g Lebensmittel

ken sich Ballaststoffe aus Bohnen und Pektine aus Äpfeln, Zitrusfrüchten und anderem Obst auf den Blutdruck aus.

Hinzu kommt, dass Ballaststoffe den Cholesterinspiegel senken. Da Bluthochdruckpatienten meist auch zu hohe Cholesterinwerte haben, schlägt man gleich zwei Fliegen mit einer Klappe, wenn man sich ballaststoffreich ernährt. Bluthochdruckpatienten und Menschen mit zu hohen Cholesterinwerten sollten täglich mindestens 30 bis 35 g Ballaststoffe zu sich nehmen. (Bei unserer modernen Zivilisationskost liegt die Ballaststoffzufuhr im Durchschnitt leider nur bei 20 g pro Tag.) Ballaststoffe kommen ausschließlich in pflanzlicher Kost vor. Zu den ballaststoffreichen Nahrungsmitteln gehören alle Vollkornprodukte, Haferflocken, Hafer- und Weizenkleie, Naturreis, Kartoffeln, Gemüse und Obst.

Achten Sie auch auf Ihre Cholesterinwerte!

Bluthochdruck ist nur einer von mehreren Faktoren, die zur Entstehung von Herz- und Gefäßerkrankungen beitragen. Weitere Risikofaktoren sind Fettstoffwechselstörungen (vor allem ein zu hoher Cholesterinspiegel), Diabetes, Übergewicht, Zigarettenrauchen und Bewegungsmangel. Gefährlich wird es vor allem dann, wenn mehrere Risikofaktoren vorliegen. Sie addieren sich nämlich nicht etwa nur, sondern verstärken sich gegenseitig, sodass das Risiko, einen Herzinfarkt oder Schlaganfall zu erleiden, sich vervielfacht.

Bei fast 40 % aller Bluthochdruckpatienten ist gleichzeitig auch der Cholesterinspiegel erhöht – ein gefährlicher Teufelskreis: Denn zu hohe Cholesterinwerte führen auf die Dauer zur Verhärtung und Verengung der Blutgefäße durch arteriosklerotische Ablagerungen. Nach und nach wird der innere Gefäßdurchmesser durch diese Ablagerungen in den Arterienwänden immer kleiner. Und je enger die Gefäße werden, umso mehr steigt natürlich der Blutdruck an. Dieser Bluthochdruck lässt wiederum den Prozess der Arteriosklerose weiter voranschreiten; denn ein zu hoher Blutdruck verringert im Laufe der Zeit die Flexibilität der Arterien und dadurch wird die Entstehung arteriosklerotischer Ablagerungen gefördert.

Dieser verhängnisvollen Spirale, die bei vielen Patienten irgendwann einmal mit einem Herzinfarkt oder Schlaganfall endet, kann man nur entkommen, indem man nicht nur auf eine blutdruckgesunde Ernährung achtet, sondern gleichzeitig auch seine Cholesterinwerte genau im Blick behält. Lassen Sie Ihren Cholesterinspiegel regelmäßig vom Arzt kontrollieren, vor allem, wenn Sie zu einer Risikogruppe gehören (also beispielsweise, wenn Sie an Übergewicht leiden oder wenn in Ihrer Familie gehäuft Herz-Kreislauf-Erkrankungen aufgetreten sind)! Denn je früher ein zu hoher Cholesterinspiegel entdeckt wird, um so besser sind Ihre Chancen, den schleichenden Prozess der Arteriosklerose aufzuhalten oder sogar völlig zu stoppen.

Falls Ihre Cholesterinwerte zu hoch sind, wird Ihr Arzt Ihnen eine Ernährungsumstellung und eventuell auch eine Gewichtsreduktion empfehlen. Zu hohe Cholesterinwerte sind nämlich häufig auf Überernährung (Übergewicht) zurückzuführen; Übergewichtige haben meistens insgesamt einen zu hohen Cholesterinspiegel. Außerdem sind bei ihnen in der Regel die LDL-Cholesterinwerte – also die des „bösen" Cholesterins – erhöht, die „guten" HDL-Anteile hingegen zu niedrig. Durch „Abspecken" sinken die gefährlichen LDL-Cholesterinwerte, der Anteil des schützenden HDL-Cholesterins steigt.

Aber auch eine Fehlernährung kann an „schlechten" Cholesterinwerten schuld sein: z. B. eine zu hohe Cholesterinzufuhr mit der Nahrung, zu viel Fett oder eine ungünstige Zusammensetzung der Nahrungsfette (zu viele tierische und zu wenig pflanzliche Fette).

Cholesterinwerte senken – kein Problem

Ihren Cholesterinspiegel auf die empfohlenen Werte zu senken, ist wirklich kein Hexenwerk, denn es gibt gleich mehrere Punkte, bei denen Sie ansetzen können:

- Reduzieren Sie Ihre Gesamtfettzufuhr.
- Ändern Sie die Zusammensetzung Ihrer Nahrungsfette. Nehmen Sie weniger Fette mit gesättigten Fettsäuren auf (hauptsächlich in tierischer Nahrung enthalten), dafür mehr Fette mit ungesättigten Fettsäuren (hauptsächlich in pflanzlicher Nahrung enthalten).
- Ernähren Sie sich cholesterinarm! Empfohlen wird, die Cholesterinaufnahme auf unter 300 mg pro Tag zu reduzieren.
- Achten Sie auf eine ballaststoffreiche Ernährung! Warum das für die Senkung Ihres Cholesterinspiegels so wichtig ist, haben Sie ja bereits im vorigen Kapitel erfahren.

Allzu viel ist ungesund – das gilt vor allem fürs Fett!

Statistiken beweisen es eindeutig: Die Deutschen – und übrigens nicht nur wir, sondern auch die Bewohner vieler anderer westlicher Industrieländer – essen zu fettreich. Die Deutsche Gesellschaft für Ernährung (DGE) empfiehlt, nur maximal 30 % unseres täglichen Energiebedarfs durch Fett zu decken. Bei einem Energiebedarf von 2000–2400 Kalorien entspricht das 65 bis höchstens 80 g Fett pro Tag.

Lebensmittel mit hohem Anteil versteckter Fette

pro Portion	Fettanteil ca.
300 g Pizza Käse/Salami	42 g
50 g geröstete Erdnüsse	27 g
40 g Cervelatwurst (2 Scheiben)	18 g
80 g Matjesfilet	18 g
50 g Gorgonzola	16 g
50 g Käsegebäck	16 g
50 g Räucheraal	14 g
125 g Schokoladenmousse	13 g
30 g Kartoffelchips	12 g
45 g Croissant (1 Stück)	12 g
30 g Teewurst	11 g
50 g Marmorkuchen	11 g
30 g Leberwurst	10 g
20 g Milchschokolade	6 g

Wir nehmen aber im Durchschnitt 90–120 g Fett täglich zu uns – das entspricht ungefähr 40 % unserer täglichen Nahrungsenergie.

Bei den Fetten unterscheidet man ebenso wie beim Kochsalz zwischen „verstecktem" und „sichtbarem" Fett. Und auch hier sind die versteckten Fette am gefährlichsten: Sie machen immerhin mehr als zwei Drittel unserer täglichen Gesamtfettzufuhr aus. Das Heimtückische daran ist – genau wie beim Salz –, dass man sie eben leider nicht sieht. Sie verstecken sich in unserer täglichen Nahrung – bevorzugt in Fleisch- und Wurstwaren und fettreichen Milchprodukten, auf deren Konto etwa 50 % unseres täglichen Fettkonsums gehen. Aber auch Kuchen, Gebäck, Schokolade, Nüsse und manche Fischarten sind ausgesprochen fettreich, ebenso Saucen, Gratins und Aufläufe – eigentlich ist bei allen Gerichten Vorsicht geboten, die mit einem kräftigen Schuss Sahne oder Crème fraîche oder mit Käse geschmacklich verfeinert werden. Eine Pizza zum Beispiel gehört schon wegen des reichlichen Käseanteils zu den fettreichen Nahrungsmitteln; noch gefährlicher wird es, wenn sie auch noch mit anderen sehr fetthaltigen Zutaten wie beispielsweise Salami belegt ist. Nicht empfehlenswert sind auch Knabbereien wie Salzgebäck, Kartoffelchips oder Pommes frites. Die obige Tabelle zeigt, welche Lebensmittel einen besonders hohen Anteil an versteckten Fetten haben und deshalb von Patienten, die auf ihre Cholesterinwerte und/oder ihr Gewicht achten müssen, lieber gemieden werden sollten.

Auch beim so genannten „sichtbaren" Fett – den Streich- und Kochfetten und Salatölen – sollten Sie Maß halten. Verwenden Sie lieber Diätmargarine statt Butter und streichen Sie sie dünn aufs Brot. Bei manchen streichfähigen Brotaufstrichen (beispielsweise Kräuterquark oder -frischkäse, Avocadomus, Aufstrichen auf Sojabasis aus dem Reformhaus usw.) kann man ganz aufs Streichfett verzichten.

Auch die Zusammensetzung der Nahrungsfette ist wichtig

Man kann die Nahrungsfette grob in zwei Kategorien einteilen: tierische und pflanzliche Fette. Tierische Fette enthalten in der Regel mehr gesättigte Fettsäuren, während die pflanzlichen reicher an ungesättigten Fettsäuren sind.

Für Menschen, die an Herz-Kreislauf-Erkrankungen leiden, ist diese Unterscheidung besonders wichtig, denn gesättigte Fettsäuren erhöhen den Cholesterinspiegel, vor allem die gefährlichen LDL-Cholesterinwerte. Ihren Konsum sollte man daher einschränken. Fette mit einem hohen Anteil an ungesättigten Fettsäuren hingegen wirken sich positiv auf den Cholesterinspiegel aus. Bei den ungesättigten Fettsäuren unterscheidet man wiederum zwei Arten: die mehrfach und die einfach ungesättigten. Mehrfach ungesättigte Fettsäuren sind in vielen pflanzlichen Ölen (beispielsweise Distel-, Sonnenblumen-, Soja-, Sesam- und Maisöl, Trauben- und Kürbiskernöl) in hoher Menge enthalten. Sie senken den Cholesterinspiegel – allerdings leider nicht nur den „schlechten" LDL-Cholesterinanteil, sondern auch die „guten" HDL-Werte.

Deshalb sollte man nach neuesten medizinischen Erkenntnissen nicht nur Fette mit einem hohen Anteil an mehrfach ungesättigten Fettsäuren zu sich nehmen, sondern in der Küche auch öfter einmal auf Fette mit einem hohen Prozentsatz an einfach ungesättigten Fettsäuren zurückgreifen. Diese senken nämlich nur den „schlechten" LDL-Cholesterinspiegel, während sie die HDL-Cholesterinwerte sogar leicht ansteigen lassen – sie bieten also den idealen Schutz vor Herzinfarkt und Schlaganfall. Olivenöl, Haselnuss-, Raps- und Mandelöl haben einen relativ hohen Anteil an einfach ungesättigten Fettsäuren. Bei den Mittelmeervölkern, deren Nahrung reich an Olivenöl ist, kommen Herz-Kreislauf-Erkrankungen viel seltener vor als bei uns, was Mediziner hauptsächlich auf den hohen Olivenölkonsum zurückführen. Dieses Öl senkt nämlich nicht nur den LDL-Cholesterinspiegel, sondern gleichzeitig auch noch den Blutdruck. Laut neuesten Empfehlungen von Medizinern und Ernährungswissenschaftlern sollte unsere tägliche Nahrung sich zusammensetzen wie auf Seite 56 oben beschrieben.

So können Sie Fett einsparen
und Ihr Essen trotzdem genießen:

● Kaufen Sie statt Vollmilch (3,5 % Fett) lieber fettarme Milch (1,5 % Fett), statt Sahnequark (40 % Fett) Magerquark, statt Schlagsahne (30 % Fett) oder Crème fraîche lieber saure Sahne (10 % Fett). Bevorzugen Sie fettarmen Käse (maximal 30 % Fett i. Tr.).

● In Fertiggerichten ist häufig viel Fett (und übrigens auch viel Kochsalz) enthalten – also lieber meiden (Ausnahme: Diät- oder Leicht-Fertiggerichte; einige sind jedoch kochsalzreich).

● Gekochte Kartoffeln und Kartoffelpüree sind fettärmer als Bratkartoffeln, Kartoffelchips oder Pommes frites (die darüber hinaus auch noch viel Kochsalz enthalten).

● Knabbern Sie gegen den „kleinen Hunger zwischendurch" statt Nüssen, Chips, Keksen oder Schokoriegeln lieber Obst, Mohrrüben, Gurken oder Radieschen, die Sie in einen würzigen „Dip" aus Magerquark und frischen Kräutern eintunken können. Obst und Rohkost sind kochsalzarm, so gut wie fettfrei und außerdem reich an Kalium und Ballaststoffen.

● Kuchen, Torten und Gebäck sind sehr fetthaltig. Falls Sie trotzdem nicht ganz darauf verzichten möchten, bevorzugen Sie Obst- oder Hefekuchen; sie sind fettärmer als beispielsweise Käse- oder Schokoladenkuchen, Sahnetorte, Butter- oder Blätterteiggebäck.

● Essen Sie höchstens zwei- bis dreimal pro Woche Fleisch. Reduzieren Sie bei diesen Mahlzeiten den Fleischanteil und lassen Sie Gemüse, Kartoffeln und Teigwaren (die bisher nur „Beilage" waren) die Hauptrolle spielen!

● Bevorzugen Sie statt durchwachsenem oder gar fettem Fleisch, Speck, Schweinehack oder Fleischkonserven mageres Fleisch von Rind, Kalb oder Schwein. Beim Geflügel sind Hähnchen (ohne Haut) und Pute wesentlich besser geeignet als Gans oder Ente. Auch bei der Wurst sollten Sie mageren Sorten (Schinken, Tatar, Geflügelwurst) den Vorzug geben und fettreiche Sorten wie Salami, Mettwurst, Blutwurst oder Landjäger meiden. Bei der Wurst gilt ebenso wie beim Fleisch: Sichtbare Fettränder bitte immer wegschneiden!

- Statt Fleisch sollten Sie lieber öfter einmal Fisch auf den Tisch bringen. Magere Sorten sind Kabeljau, Scholle, Seelachs und Forelle, während beispielsweise Aal sehr viel Fett enthält.
- Belegen Sie Ihr Brot lieber öfter mit pflanzlichen Brotaufstrichen oder Magerquark statt mit Wurst!
- Auch manche Brote und Getreideprodukte haben es „in sich": Croissants sind beispielsweise sehr fetthaltig. Ideal ist Vollkornbrot – auch wegen des hohen Ballaststoffgehalts.
- Greifen Sie öfter einmal auf fettreduzierte Lebensmittel zurück. Man erkennt sie an dem Aufdruck: „ ... % weniger Fett".
- Bevorzugen Sie Fett sparende Zubereitungsarten wie Grillen, Dünsten, Dämpfen im Dampfdrucktopf, Schmoren in Alu- oder Bratfolie bzw. im Tontopf, Garen im Mikrowellenherd, Braten in beschichteten Pfannen oder im Backofen. Das ist besser als das Anbraten der Lebensmittel in viel Fett (womöglich auch noch mit Panade) und das Fritieren. Wer sich trotzdem in Ausnahmefällen einmal etwas Fritiertes gönnen will, sollte eine Fritiertemperatur von 180 °C einhalten, weil das Fritiergut bei niedrigeren Temperaturen zu viel Fett aufnimmt.
- Verwenden Sie zum Kuchenbacken lieber Backpapier, statt die Backform einzufetten.
- Entfetten Sie den Pfannenansatz, bevor Sie ihn zur Saucenzubereitung verwenden, indem Sie einfach etwas Küchenkrepp auflegen – es saugt das Fett auf.
- Auch heiße Brühen lassen sich leicht entfetten, indem man Küchenkrepp auflegt und dann vorsichtig abnimmt. Man kann das Fett auch mit dem Schöpflöffel abschöpfen oder ein mit Eiswürfeln gefülltes Tuch auf die Brühe legen. Das Fett erstarrt am Tuch und lässt sich dann leicht abnehmen.

Empfohlene Fettsäurenzusammensetzung unserer Nahrung:

- Gesättigte Fettsäuren (die hauptsächlich in tierischer Nahrung enthalten sind) sollen nicht mehr als 7–10 % unserer Gesamtkalorienzufuhr ausmachen.
- Mehrfach ungesättigte Fettsäuren sollten etwa 7–8 % unseres Gesamtenergiebedarfs decken.
- 10–15 % unseres Energiebedarfs sollen durch einfach ungesättigte Fettsäuren gedeckt werden.

Das bedeutet, dass wir unseren Konsum an tierischen Fetten drastisch einschränken müssen. Bei der Faustregel, dass pflanzliche Fette einen hohen Anteil an ungesättigten Fettsäuren haben, tierische Fette hingegen viele gesättigte Fettsäuren enthalten, gilt es allerdings zwei Ausnahmen zu beachten: Fette aus tropischen Pflanzen (Palmfett, Palmkernöl, Kokosfett) sind reich an gesättigten Fettsäuren. Das Gleiche gilt für Produkte, die solche Fette enthalten, also beispielsweise Schokolade und Pralinen (wegen der darin enthaltenen Kakaobutter), Kuchen und Gebäck (wegen der bei der Herstellung verwendeten Backmargarine) und Kartoffelchips (wegen des Fritierfetts). Der einzige Vorteil von Palm- und Kokosfett besteht nämlich darin, dass man es problemlos auf sehr hohe Temperaturen erhitzen kann, ohne dass es sich zersetzt. Daher wird es gern zum Fritieren und oft auch zum Backen verwendet.

Ob ein Fett einen hohen Gehalt an gesättigten Fettsäuren hat oder mehr ungesättigte Fettsäuren enthält, kann man übrigens an einem ganz einfachen Merkmal erkennen: Fette mit einem hohen Anteil an gesättigten Fettsäuren sind bei Zimmertemperatur fest. (Deshalb lässt sich die Butter nicht streichen, wenn sie direkt aus dem Kühlschrank kommt, während man bei einer Diätmargarine überhaupt keine Probleme damit hat. Auch Kokos- und Palmfett haben bei Zimmertemperatur eine feste Konsistenz.) Fette mit einem hohen Gehalt an ungesättigten Fettsäuren hingegen sind bei Zimmertemperatur flüssig (Pflanzenöle) oder cremig (Diätmargarine).

Die zweite Ausnahme von der Regel „Tierische Fette = viele gesättigte Fettsäuren, pflanzliche Fette = viele ungesättigte Fettsäuren" stellt der Fisch dar. Fisch hat nämlich einen hohen Anteil an Omega-3-Fettsäuren. Das sind ungesättigte Fettsäuren, die im Gegensatz zu den in sonstiger tierischer Nahrung (Fleisch, Wurst, Milch, Eiern und Butter) reichlich enthaltenen gesättigten Fettsäuren sehr gesund sind und uns sogar vor Herz-Kreislauf-Erkrankungen schützen können: Sie senken bei hoher Zufuhr nämlich die Blutfettwerte und den Blutdruck und wirken darüber hinaus auch noch blutverdünnend, beugen also der Thromboseentstehung vor. Es spricht also – wie schon erwähnt – nichts dagegen, zweibis dreimal pro Woche fett- und kochsalzarm zubereiteten Fisch zu essen, zumal Fisch auch weniger Cholesterin enthält als Fleisch. Allerdings sind die Omega-3-Fettsäuren vor allem in fettem Seefisch enthalten. Fischölkapseln sollte man nicht ohne ärztliche Verordnung und Kontrolle einnehmen.

So können Sie die Fettsäurenzusammensetzung in Ihrer Nahrung optimieren

- Bevorzugen Sie fettarme Milchprodukte – denn je niedriger der Fettgehalt, umso geringer der Gehalt an gesättigten Fettsäuren und auch an Cholesterin.
- Schränken Sie den Konsum von rotem Fleisch und Wurstwaren ein; sie enthalten viele gesättigte Fettsäuren.
- Verwenden Sie als Streichfett Margarine mit einem mindestens 30%igen, besser noch 50%igen Anteil an mehrfach ungesättigten Fettsäuren. (Margarinen, die mehr als 50 % mehrfach ungesättigte Fettsäuren enthalten, werden als Diätmargarinen bezeichnet.)
- Für die Zubereitung von Teigen sollten Sie Diät-Backmargarine verwenden. Herkömmliche Backmargarinen haben einen zu hohen Anteil an gesättigten Fettsäuren.
- Zum Kochen und Braten bietet sich Olivenöl an, das Sie (wenn Sie die billigere Güteklasse „Olivenöl" nehmen und kein „natives" oder „extra natives" Öl) sogar zum Fritieren verwenden können, denn es lässt sich bis auf 210 °C erhitzen. Stattdessen können Sie zum Fritieren auch Diät-Pflanzenfett verwenden. Für die herkömmlichen Fritierfette und -öle gilt genau das Gleiche wie für herkömmliche Backmargarinen: Sie enthalten zu viele gesättigte Fettsäuren.
- Schweine- oder Gänseschmalz, Talg, Mayonnaise und Remouladensauce sind grundsätzlich zu meiden.
- Greifen Sie statt der herkömmlichen Käse- und Wurstwaren lieber auf fettmodifizierte Produkte zurück. Das sind Lebensmittel, bei denen tierische Fette durch Pflanzenfett ersetzt wurden. Sie enthalten auch weniger Cholesterin.

So können Sie Ihre Cholesterinzufuhr einschränken

Fast ebenso wichtig wie eine Beschränkung des Konsums an tierischen Fetten ist die Reduktion der Cholesterinzufuhr auf höchstens 300 mg pro Tag. Auch das ist leicht zu erreichen, wenn Sie auf Lebensmittel mit hohem Cholesteringehalt verzichten. (Da solche Nahrungsmittel meist auch einen hohen Gehalt an gesättigten Fettsäuren haben, schlagen Sie gleich zwei Fliegen mit einer Klappe.)

Zu den Lebensmitteln mit hohem Cholesteringehalt zählen alle, die mehr als 100 mg Cholesterin pro 100 g Nahrungsmittel enthalten. Wahre „Cholesterinbomben" sind Innereien (Leber, Nieren, Hirn), Krusten- und Schalentiere (Hummer, Krabben, Krebse, Austern, Muscheln) und natürlich Eier. Schon ein einziges Hühnerei enthält fast 300 mg Cholesterin – also unsere gesamte Tagesration an Cholesterin, die wir auf keinen Fall überschreiten sollten. Deshalb sollte man nicht mehr als zwei Eier pro Woche essen. „Gefährlich" ist beim Ei jedoch nur das Eigelb und nicht das Eiweiß; Gerichte, bei denen man nur das Eiweiß verwendet, sind also kein Problem. Wer auf seinen Cholesterinspiegel achten muss, kann auf cholesterinfreie Ei-Ersatzstoffe (in der Apotheke erhältlich) zurückgreifen; so kann man beispielsweise Pfannkuchen, Rührei und Gebäck mit cholesterinfreiem Eipulver zubereiten. Außerdem sollte man eifreie italienische Teigwaren bevorzugen; denn deutsche Eierteigwaren enthalten Cholesterin.

Als Faustregel kann man sich merken, dass alle tierischen Fette mit über 30 % Fettgehalt und Käsesorten mit über 30 % Fett in der Trockenmasse (abgekürzt „i. Tr.") einen hohen Cholesteringehalt haben; auch aus diesem Grund sollte man sich lieber an fettarme Milch und Milchprodukte halten. Salatsaucen kann man mit Joghurt statt mit Mayonnaise zubereiten – dadurch spart man nicht nur Cholesterin, sondern auch Kochsalz. Bei Schweinefleisch solle man die Schwarte, bei Geflügel die Haut entfernen; beide enthalten viel Cholesterin. Richtig „zuschlagen" darf man hingegen bei pflanzlichen Nahrungsmitteln: Sie enthalten überhaupt kein Cholesterin.

Risikofaktor Übergewicht

Inzwischen weiß man, dass ein eindeutiger Zusammenhang zwischen Bluthochdruck und Übergewicht besteht. Rund 80 % der Patienten in Europa und den USA, die an einer essenziellen Hypertonie leiden, bringen etliche Pfunde zu viel auf die Waage: 60 % sind adipös (fettleibig), 20 % übergewichtig. Und Untersuchungen in den USA haben ergeben, dass der Blutdruck bei Übergewichtigen zwischen 20 und 39 Jahren doppelt so oft erhöht ist wie bei Menschen mit normalem Gewicht. Als Faustregel gilt, dass mindestens 60 % aller Übergewichtigen damit rechnen müssen, im Laufe der Zeit eine Hypertonie zu entwickeln.

Umgekehrt hat man festgestellt, dass sich durch Gewichtsabnahme der Blutdruck normalisiert, und zwar nicht nur bei leichtem Bluthochdruck, sondern auch in schweren Fällen: Grundsätzlich kann man pro Kilogramm Gewichtsabnahme mit einem Blutdruckabfall von 2–3 mmHg (sowohl systolisch als auch diastolisch) rechnen. Das sind, wenn man 5 kg „abspeckt", immerhin schon 10–15 mmHg – ein Ergebnis, das sich durchaus sehen lassen kann!

Wahrscheinlich gibt es gleich mehrere Gründe, warum bei Übergewichtigen der Blutdruck in die Höhe schnellt. Zum Beispiel hat man bei vielen adipösen (fettleibigen) Patienten einen Anstieg des Blutvolumens festgestellt; gleichzeitig ist das Blut bei ihnen häufig dickflüssiger als bei Normalgewichtigen. Als Folge muss das Herz mehr arbeiten; der Blutdruck steigt.

Umgekehrt sinkt mit jedem überflüssigen Pfund, das man loswird, nicht nur der Blutdruck, sondern auch die Cholesterin- und Blutzuckerwerte verbessern sich. Grund genug, sich endlich von seinem Übergewicht zu trennen – denn es gehört zu den bedeutendsten Risikofaktoren nicht nur für Bluthochdruck, Herzinfarkt und Schlaganfall, sondern auch für zahlreiche andere Zivilisationskrankheiten, beispielsweise Diabetes. Schon wenn die Pfunde, die Sie auf die Waage bringen, Ihr Normalgewicht nur um 20 % überschreiten, erhöht sich Ihr Risiko, einen Herzinfarkt oder Schlaganfall zu erleiden, auf das Doppelte, und Ihre Lebenserwartung sinkt um 25–30 %. Deshalb sind die Rezepte für die Gerichte in diesem Buch auch alle so fettarm und kaloriensparend, dass es Ihnen nicht schwer fallen wird, damit Ihr Normalgewicht zu halten.

Cholesterinreiche Nahrungsmittel

	Cholesteringehalt[1]
Eier und Milchprodukte	
● Hühnerei	604
● Butterschmalz	340
● Butter	240
● Crème fraîche (40 % Fett)	117
● Schlagsahne (36 % Fett)	105
● Hartkäse (45 % Fett i. Tr.)	95–100
● Crème fraîche (30 % Fett)	90
● Schlagsahne (30 % Fett)	90
● Weichkäse (45 % Fett i. Tr.)	80–85
Gebäck	
● Löffelbiskuit	248
● Windbeutel	210
● Baumkuchen	200
● Vanillekipferl	192
● Sachertorte	162
● Marmorkuchen	166
● Käsesahnetorte	156
● Waffeln mit Cremefüllung	131
● Berliner Pfannkuchen	125
● Nusskuchen	122
● Sandkuchen	118
● Sahnetorte (Obst, Schokolade oder Nuss)	116–146
● Käsegebäck	116
● Biskuittortenboden, Mürbeteig	108–112
● Käsekuchen	100
● Quiche Lorraine	100
● Blätterteig mit Butter	95
Fleisch	
● Rinderkeule (Schlegel)	120
● Hirschfleisch, Rehkeule, Rehrücken	100–110
● Entenbrust mit Haut	103
● Rauchfleisch, Schweinerückenspeck (frisch)	100
● Fleisch im Durchschnitt	70–80

1) in g pro 100 g Lebensmittel

	Cholesteringehalt[1]
Wurst	
● Grobe Leberwurst	205
● Kalbsleberwurst	169
● Leberpastete	150
● Landjäger	111
● Schinken (gesalzen, geräuchert)	110
● Bockwurst, Bratwurst, Dosenwürstchen	100
● Münchner Weißwurst	100
● Wurstwaren im Durchschnitt	90
Innereien	
● Kalbs- oder Rinderhirn	2000
● Suppenhuhn, Leber	492
● Kalbsleber	360
● Niere (Kalb, Rind, Schwein)	350–380
● Rinderleber	260
● Kalbsbries	250
● Lunge (Kalb, Rind)	235–370
● Suppenhuhn, Herz	170
● Rinderherz	150
● Zunge (Kalb, Rind)	108–140
Fisch und Meeresfrüchte	
● Russischer Kaviar	300
● Sardellenpaste	300
● Kaviarersatz (deutscher Kaviar)	261
● Austern	260
● Aal (geräuchert)	190
● Tintenfisch	170
● Miesmuscheln	150
● Ölsardinen (Konserve)	140
● Krabben	138
● Hummer	135
● Steckmuscheln (Klaffmuscheln)	113
Saucen	
● Sauce béarnaise, Sauce hollandaise	150
● Mayonnaise (80 % Fett)	142

1) in g pro 100 g Lebensmittel

Cholesterin- und Kochsalzgehalt ausgewählter Nahrungsmittel

	kcal[1]	Choles-terin[2]	Koch-salz[3]		kcal[1]	Choles-terin[2]	Koch-salz[3]
Suppen				Hirn	131	2000	0,40
Brühe mit Eieinlage	46	85	1,70	Leber	119	265	0,18
Klare Fleischbrühe	17	+	2,40	Lunge	103	350	0,50
Klare Hühnersuppe	17	+	2,40	Niere	117	375	0,49
Brühe mit Nudeln	45	7	2,40	Zunge	212	108	0,25
Cremesuppe (Blumen-				Tatar	117	70	0,20
kohl, Lauch, Spargel,				Hackfleisch	224	70	0,20
mit ca. 10 g Sahne)	50	11	2,00				
				Schweinefleisch			
Hammelfleisch				Bauch	389	70	0,15
Brust	385	70	0,30	Bug (Schulter)	287	70	0,19
Bug (Schulter)	292	70	0,30	Filet	190	70	0,19
Filet	118	70	0,24	Hinterhaxe	301	70	0,15
Keule	239	70	0,20	Kamm	216	70	0,19
Kotelett	352	70	0,23	Kotelett	198	70	0,16
Lende	199	65	0,19	Schinken	289	70	0,18
Leber	126	300	0,24	Vorderhaxe	272	70	0,15
Hirn	129	2200	0,30	Herz	105	150	0,20
Niere	98	375	0,70	Hirn	126	2000	0,40
				Leber	139	340	0,30
Kalbfleisch				Niere	117	365	0,44
Brust	136	90	0,27	Zunge	230	140	0,24
Bug (Schulter)	114	90	0,17	Bauchspeck	815	62	0,04
Filet	101	90	0,24	Hackfleisch	321	70	0,10
Haxe	103	90	0,29	Kasseler	246	70	2,43
Keule (Schlegel)	103	90	0,22	Hackfleisch			
Kotelett	118	70	0,17	(Rind/Schwein)	273	70	0,15
Herz	114	140	0,30				
Hirn	112	2000	0,40	**Wild**			
Leber	119	360	0,20	Hase	119	65	0,13
Lunge	94	280	0,39	Hirsch	118	110	0,16
Niere	129	380	0,51	Rehkeule			
Zunge	129	140	0,21	(Schlegel)	103	110	0,16
				Rehrücken	128	110	0,21
Rindfleisch							
Brust	259	70	0,15	**Geflügel**			
Bug (Schulter)	145	70	0,10	Brathähnchen	138	81	0,21
Fehlrippe (Gratstück)	233	70	0,20	Ente	232	75	0,17
Filet	122	70	0,13	Gans	347	75	0,22
Hochrippe (Rostbraten)	228	70	0,25	Hühnerschlegel	116	67	0,24
Kamm (Hals)	139	70	0,19	Hühnerbrust	105	60	0,17
Keule (Schlegel)	154	120	0,25	Hühnerleber	137	555	ca. 0,18
Lende (Roastbeef)	180	70	0,19	Pute, Truthahn	222	74	0,17
(Ochsen)Schwanz	190	70	0,23	Putenbrust	112	60	0,13
Herz	126	150	0,22	Suppenhuhn	262	75	0,21

+: in Spuren vorhanden; 1) pro 100 g; 2) mg pro 100 g; 3) g pro 100 g   *Quelle: Hoffmann-La Roche*

Cholesterin- und Kochsalzgehalt ausgewählter Nahrungsmittel

	kcal[1]	Choles-terin[2]	Koch-salz[3]		kcal[1]	Choles-terin[2]	Koch-salz[3]
Wurstwaren				Hering	212	85	0,29
Bierschinken	239	85	1,91	Hering in Aspik	163	39	1,51
Blutwurst	404	85	1,73	Hering in Soße	199	60	1,46
Bockwurst	281	100	1,78	Hummer	85	182	0,69
Bratwurst (Kalb)	274	ca. 120	ca. 1,30	Kabeljaufilet	79	50	0,30
Bratwurst (Schwein)	347	100	1,32	Karpfen	120	50	0,12
Cervelatwurst	462	85	3,20	Kaviar (deutsch)	118	ca. 300	5,30
Cornedbeef (deutsch)	147	70	2,12	Kaviar (echt)	251	300	5,59
Dosenwürstchen	232	85	1,80	Krabben in Dosen	84	150	0,80
Fleischkäse	323	85	1,53	Lachs (Salm)	208	35	0,13
Fleischwurst	301	85	2,08	Lachs (Dosen)	171	ca. 30	1,37
Frankfurter Würstchen	273	65	2,00	Lachsersatz in Öl	276	35	10,34
Frühstücksfleisch	298	85	1,90	Makrele	187	70	0,24
Gelbwurst	340	ca. 300	1,60	Makrele, geräuchert	228	ca. 85	0,66
Geflügelwurst (mager)	107	ca. 50	ca. 1,50	Matjeshering	272	60	6,35
Jagdwurst	349	85	2,08	Miesmuscheln	54	150	0,74
Kasseler-Aufschnitt	246	70	2,43	Ölsardine	228	140	1,40
Knackwürstchen	355	90	3,03	Sardine	124	ca. 70	ca. 0,23
Leberwurst	425	85	2,06	Schellfisch	77	60	0,30
Leberwurst (mager)	263	70	1,02	Schillerlocke	300	ca. 50	1,79
Mettwurst	460	85	2,77	Scholle	80	55	0,26
Mortadella	349	85	1,70	Seelachsfilet	85	60	0,13
Räucherschinken	377	70	3,40	Seelachs (geräuchert)	96	70	1,16
Roastbeef-Aufschnitt	199	70	ca. 0,40	Seezungenfilet	82	60	0,25
Salami	525	85	3,20	Steinbutt	87	ca. 60	0,29
Schinken (gesalzen und				Thunfisch	232	ca. 30	0,11
gekocht)	207	85	2,30	Thunfisch in Öl	290	32	0,92
Schweinespeck							
(durchwachsen)	625	ca. 70	4,50	**Kartoffeln/Kartoffelprodukte**			
Weißwurst	291	100	1,58	Kartoffelknödel (gekocht)	117	0	0,90
Wiener Würstchen	284	85	2,39	Kartoffelknödel			
				(halb/halb)	115	0	0,90
				Kartoffelkrokette (frittiert)	330	0	1,90
Fisch, Fischkonserven				Kartoffelpüree (verzehr-			
Aal (geräuchert)	335	ca. 140	1,27	fertig mit 1,5 % Milch)	62	2	0,11
Aal (grün)	285	142	0,17	Kartoffelpuffer (verzehr-			
Austern	68	260	0,19	fertig, ohne Ei)	247	0	1,00
Bismarckhering	209	60	2,62	Kartoffel (roh)	68	0	0,05
Brathering	212	85	1,45	Kartoffelsalat			
Bückling	230	90	0,33	(mit Essig und 5 g Öl)	110	0	0,05
Forelle	108	55	0,10	Kartoffelstärke	335	0	0,01
Goldbarschfilet				Kartoffelchips	560	0	1,14
(Rotbarschfilet)	110	38	0,20	Pommes frites			
Hecht	86	30	0,16	(ungesalzen)	250	0	0,03
Heilbutt	106	50	0,17	Salzkartoffeln	71	0	ca. 0,50
Heilbutt (geräuchert)	228	ca. 100	1,03				

+: in Spuren vorhanden; 1) pro 100 g; 2) mg pro 100 g; 3) g pro 100 g

63

Cholesterin- und Kochsalzgehalt ausgewählter Nahrungsmittel

	kcal[1]	Choles-terin[2]	Koch-salz[3]		kcal[1]	Choles-terin[2]	Koch-salz[3]
Brot, Teigwaren, Getreideprodukte				Bohnen (gekocht)	88	0	+
Brötchen	257	0	1,16	Brokkoli (roh)	18	0	0,04
Cornflakes	343	0	2,33	Champignons	14	0	0,03
Grahambrot	188	0	0,94	Champignons (Dose)	13	0	0,72
Grieß	311	0	+	Chicorée (roh)	9	0	0,01
Grießbrei (süß				Erbsen (grün, gekocht)	67	0	+
mit 1,5 % Milch)	151	ca. 3	+	Erbsen (grün, Dose)	55	0	0,54
Haferflocken	350	0	0,01	Erbsen (trocken)	318	0	0,08
Knäckebrot	295	0	1,18	Endivie	10	0	0,12
Leinsamenbrot	252	0	ca. 1,00	Feldsalat	10	0	0,08
Maisstärke	345	0	+	Fenchelkraut (roh)	48	0	0,22
Mischbrot	195	0	1,54	Grünkohl (gekocht)	23	0	0,09
Nudeln				Gurke (roh)	12	0	0,02
(Eierteigwaren, roh)	343	94	0,02	Karotten (gekocht)	25	0	0,10
Paniermehl	352	0	1,50	Kohlrabi (gekocht)	24	0	0,02
Pumpernickel	206	0	1,45	Kopfsalat	9	0	0,08
Reis (roh)	342	0	0,20	Krautsalat	24	0	0,90
Roggenbrot	188	0	1,32	Lauch	22	0	0,03
Roggenmehl	ca. 280	0	+	Linsen (trocken)	296	0	+
Roggenmischbrot	195	0	ca. 1,40	Linsen (gekocht)	83	0	+
Roggenvollkornbrot	177	0	1,34	Maiskölbchen (mariniert)	28	0	ca. 2,50
Spaghetti (eifrei,				Mangold (roh)	7	0	0,23
ital. Teigwaren, roh)	ca. 340	0	0,02	Mixed Pickles	18	0	ca. 2,50
Toastbrot	258	0	1,40	Meerrettich (roh)	57	0	0,02
Weißbrot	242	0	0,98	Olive (mariniert)	130	0	5,33
Weizenkeime	285	0	+	Paprikaschote (roh)	18	0	+
Weizenkleie	124	0	+	Petersiliengrün	48	0	0,08
Weizenmehl	ca. 330	0	+	Pfifferlinge	22	0	0,01
Weizenstärke	333	0	+	Porree	22	0	0,03
Weizenvollkornbrot	197	0	0,97	Radieschen (roh)	13	0	0,03
Zwieback (eifrei)	378	0	0,67	Rettich (roh)	8	0	0,05
				Rosenkohl (gekocht)	15	0	0,01
Saucen				Rote Bete (roh)	39	0	0,16
Senf	91	0	3,32	Rotkohl (roh)	18	0	0,01
Sojasauce	15	0	18,0	Salzgurken	ca. 10	0	2,44
Tomatenketchup	104	0	3,0	Sauerkraut (roh)	13	0	0,90
Tomatenmark (gesalzen)	45	0	1,50	Schnittlauch	44	0	0,01
				Schwarzwurzeln (gekocht)	55	0	0,01
Gemüse/Salat				Sellerie (roh)	19	0	0,02
Artischocke (gekocht)	45	0	0,08	Senfgurken	ca. 10	0	2,44
Aubergine (gekocht)	18	0	0,02	Sojakeimlinge	30	0	0,10
Blumenkohl (gekocht)	9	0	0,03	Sojabohnen (trocken)	304	0	+
Bohnen (grün, gekocht)	26	0	+	Spargel (gekocht)	12	0	0,01
Bohnen (grün, Dose)	22	0	0,70	Spargel (Dose)	12	0	0,90
Bohnen (trocken)	279	0	+	Spinat (gekocht)	9	0	0,09

+: in Spuren vorhanden; 1) pro 100 g; 2) mg pro 100 g; 3) g pro 100 g

Cholesterin- und Kochsalzgehalt ausgewählter Nahrungsmittel

	kcal[1]	Choles-terin[2]	Koch-salz[3]		kcal[1]	Choles-terin[2]	Koch-salz[3]
Steinpilze	25	0	0,01	Datteln (getrocknet)	271	0	0,15
Steinpilze (getrocknet)	252	0	0,03	Erdbeeren	31	0	+
Tomate (roh)	16	0	0,02	Erdbeeren (Dose)	76	0	+
Tomatenpaprika				Erdnüsse (geröstet)	541	0	0,01
mariniert (im Glas)	22	0	ca. 2,50	Feige (getrocknet)	239	0	0,09
Weißkohl	20	0	0,05	Grapefruit, Pampelmuse	40	0	+
Wirsingkohl	27	0	0,02	Guave	34	0	+
Zwiebel (roh)	30	0	0,02	Haselnüsse	607	0	+
				Heidelbeeren	85	0	+
Salate				Heidelbeeren (Dose)	81	0	+
Bohnensalat	36	0	+	Himbeeren	30	0	+
Chicoréesalat	9	0	0,01	Himbeeren (Dose)	77	0	+
Endiviensalat	10	0	0,12	Honigmelone	53	0	0,05
Feldsalat	10	0	0,08	Johannisbeeren (rot)	37	0	+
Gurkensalat	12	0	0,02	Johannisbeeren (schwarz)	47	0	+
Karottensalat	25	0	0,15	Kirsche (sauer)	49	0	0,01
Kopfsalat	9	0	0,08	Kirsche (süß)	57	0	0,01
Krautsalat	24	0	0,90	Kirsche (Dose)	80	0	0,01
Maiskölbchen (mariniert)	28	0	ca. 2,50	Kokosnuss	338	0	0,08
Mixed Pickles	18	0	ca. 2,50	Kiwi	50	0	+
Olive (mariniert)	130	0	5,33	Mandarine	45	0	+
Paprikasalat	18	0	+	Mandeln	554	0	0,01
Rote Bete	39	0	0,16	Mango	56	0	+
Selleriesalat	19	0	0,02	Marone (Kastanie)	191	0	+
Senfgurke	ca. 10	0	2,44	Orange	43	0	+
Tomatenpaprika				Paranüsse	617	0	+
(mariniert, im Glas)	22	0	ca. 2,50	Pfirsich	38	0	+
Tomatensalat	16	0	0,02	Pfirsichhälfte (Dose)	68	0	+
Weißkrautsalat	20	0	0,05	Pflaume	51	0	+
				Pflaume (Dose)	71	0	0,03
Obst, Trockenobst, Nüsse				Pflaume (getrocknet)	234	0	0,02
Ananas (roh)	56	0	+	Pistazien	554	0	0,01
Ananas (Dose)	84	0	+	Preiselbeeren (roh)	27	0	+
Apfel	52	0	+	Preiselbeeren (Dose)	182	0	0,04
Apfelmus	78	0	+	Reneklode	57	0	+
Apfelring (getrocknet)	263	0	0,03	Rosinen	278	0	0,13
Aprikose	44	0	+	Stachelbeeren	46	0	+
Aprikose (Dose)	71	0	0,02	Walnüsse	622	0	0,01
Aprikose (getrocknet)	253	0	0,02	Wassermelone	34	0	0,01
Avocado	207	0	+	Weintrauben	69	0	0,01
Banane	81	0	+	Zitrone	40	0	0,01
Birne	44	0	+				
Birnenhälfte (Dose)	72	0	0,01	**Zucker, Süßwaren**			
Brombeeren	46	0	+	Aprikosenkonfitüre	249	0	0,03
Cashewnüsse	536	0	0,03	Bonbons (hart)	388	0	+

+: in Spuren vorhanden; 1) pro 100 g; 2) mg pro 100 g; 3) g pro 100 g

Cholesterin- und Kochsalzgehalt ausgewählter Nahrungsmittel

	kcal[1]	Choles-terin[2]	Koch-salz[3]		kcal[1]	Choles-terin[2]	Koch-salz[3]
Brombeerkonfitüre	237	0	0,03	Mürbeteigboden			
Eiscreme	203	40	0,28	• mit Ei und Margarine	430	46	0,26
Erdbeerkonfitüre	234	0	0,03	• mit Ei und Butter	435	106	0,21
Fruchteis	137	0	0,05	Obstkuchen auf			
Fruchtgelee	92	0	0,03	Mürbeteigboden			
Himbeerkonfitüre	247	0	0,03	• mit Ei und Margarine	204	17	0,10
Honig	302	0	0,02	• mit Ei und Butter	209	40	0,08
Johannisbeerkonfitüre	237	0	0,03	Quiche Lorraine	280	191	0,92
Kakaogetränk				Rührkuchen			
(mit 1,5 % Milch)	ca. 70	5	0,15	• mit Ei und Margarine	380	83	0,19
Kakaopulver,				• mit Ei und Butter	385	130	0,15
schwach entölt	285	0	0,05	Streuselkuchen			
Karamelle	392	+	+	• ohne Ei, mit Margarine	405	1	0,26
Kirschkonfitüre	250	0	0,03	• mit Ei und Butter	405	68	0,22
Marmelade (gemischt)	282	0	0,03	Sahnetorte	305	138	0,11
Marzipanbrot	432	0	0,02	Salzgebäck	343	0	4,58
Milchpudding							
(mit 3,5 % Milch)	ca. 101	10	+	**Fette, Öle**			
Milchspeiseeis	130	10	0,28	Butter	737	240	0,01
Nougatstange	498	ca. 15	0,01	Diätmargarine	708	0	0,10
Nuss-Nougat-Creme	550	ca. 15	+	Halbfettmargarine	362	0	1,00
Orangekonfitüre	243	0	0,03	Kokosfett	878	0	+
Pflaumenmus	273	0	0,03	Kräuterbutter	715	240	ca. 0,75
Puddingpulver	366	0	+	Mayonnaise (50 % Fett)	490	52	ca. 1,20
Süßstoff	0	0	+	Mayonnaise (80 % Fett)	728	142	ca. 1,20
Vollmilchschokolade	511	20	0,19	Margarine	709	0	0,20
Zucker, Fruchtzucker	399	0	+	Pflanzenöl	892	0	+
Sorbit	415	0	+	Schweineschmalz	900	86	+
Kuchen, Gebäck				**Eier, Eierspeisen**			
Biskuitboden	310	180	0,12	Eigelb	359	1650	0,23
Blätterteigstück (süß)				Eiweiß	53	0	0,49
• mit Butter und Ei	370	100	0,15	Hühnerei (pro Ei, ca. 57 g)	95	270	0,18
• mit Margarine	385	+	0,18	Eierpfannkuchen			
Blätterteig				• normal	ca. 300	141	0,30
• mit Butter	550	120	0,20	• süß	ca. 315	119	0,25
• mit Margarine	520	0	0,30	Omelette (10 g Fett)[4]	270	337	0,20
Butterkeks	437	80	0,98	Rührei (10 g Fett)[4]	250	425	0,28
Christstollen				Spiegelei (10 g Fett)[4]	183	270	0,18
• mit Ei und Margarine	370	54	0,12				
• mit Ei und Butter	370	65	0,11	**Milch, Milchprodukte, Käse**			
Hefezopf (Hefegebäck)				Buttermilch	35	4	0,16
• mit Margarine, ohne Ei	340	2	0,16	Trinkmilch (3,5 %)	65	12	0,15
• mit Butter und Ei	340	55	0,16	Trinkmilch (1,5 %)	48	5	0,15
Löffelbiskuit	292	280	0,13	Magermilch (0,03 %)	35	3	0,15

+: in Spuren vorhanden; 1) pro 100 g; 2) mg pro 100 g; 3) g pro 100 g; 4) Kochsalzgehalt ohne Zusalzen

Cholesterin- und Kochsalzgehalt ausgewählter Nahrungsmittel

	kcal[1]	Choles-terin[2]	Koch-salz[3]		kcal[1]	Choles-terin[2]	Koch-salz[3]
Kaffeesahne (10 %)	122	34	0,12	Himbeersirup	263	0	0,01
Kondensmilch (7,5 %)	132	25	0,31	Orangensaftkonzentrat	233	0	0,01
Kondensmilch (10 %)	176	33	0,40	Ananassaft (Dose)	56	0	+
Saure Sahne (20 % Fett)	184	59	0,16	Apfelsaft	48	0	0,01
Süße Sahne (30 % Fett)	302	109	0,10	Brombeersaft	37	0	+
Fruchtjoghurt (1,5 %)	90	3	ca. 0,15	Grapefruitsaft (ungesüßt)	37	0	0,01
Fruchtjoghurt (3,5 %)	100	10	0,15	Grapefruitsaft (gesüßt)	57	0	+
Joghurt, mager (0,3 %)	39	+	0,18	Johannisbeersaft (rot)	49	0	+
Joghurt (1,5 %)	50	5	0,13	Johannisbeersaft (schwarz)	53	0	0,01
Joghurt (3,5 %)	69	12	0,15	Orangensaft	47	0	+
Früchtequark (20 % F. i. Tr.)	148	15	ca. 0,10	Traubensaft	68	0	0,01
Früchtequark (40 % F. i. Tr.)	168	32	ca. 0,10	Zitronensaft (natur)	33	0	0,01
Kräuterquark (40 % F. i. Tr.)	167	37	ca. 0,75	Karottensaft	21	0	0,13
Magerquark	76	1	0,10	Rote-Bete-Saft	35	0	0,51
Speisequark (20 % F. i. Tr.)	112	17	0,10	Sauerkrautsaft	10	0	ca. 1,00
Sahnequark (40 % F. i. Tr.)	161	37	0,10	Tomatensaft	15	0	+
				Cola	44	0	0,02
Hartkäse:				Mineralwasser	0	0	6)
Briekäse (50 % F. i. Tr.)	342	100	2,80	Limonade	48	0	+
Butterkäse	343	ca. 100	1,90	Altbier	48	0	0,01
Camembert (30 % F. i. Tr.)	219	38	2,39	Bier, hell (Export)	49	0	0,01
Camembert (45 % F. i. Tr.)	286	62	2,20	Bier, dunkel (Bock)	60	0	0,01
Camembert (60 % F. i. Tr.)	375	ca. 85	2,41	Malzbier	56	0	0,01
Doppelrahmkäse				Pils	40	0	0,01
(Frischkäse, 60 % F. i. Tr.)	325	103	1,00	Starkbier (Doppelbock)	61	0	0,01
Edamer (30 % F. i. Tr.)	255	ca. 50	1,80	Weizenbier	52	0	0,01
Edamer (40 % F. i. Tr.)	317	ca. 70	1,80	Apfelwein	46	0	0
Edamer (45 % F. i. Tr.)	355	ca. 80	1,85	Rotwein (leicht)	65	0	+
Gouda (45 % F. i. Tr.)	365	114	2,10	Rotwein (schwer)	78	0	+
Schmelzkäse (30 % F. i. Tr.)	239	ca. 50	ca. 1,20	Weißwein	70	0	+
Schmelzkäse (45 % F. i. Tr.)	269	80	1,20	Sekt	84	0	0,01
Schmelzkäse (60 % F. i. Tr.)	348	ca. 105	1,20	Wermut (süß)	154	0	+
Limburger (20 % F. i. Tr.)	188	ca. 45	2,85	Aquavit (43 Vol.-%)	250	0	+
Limburger (40 % F. i. Tr.)	269	90	2,70	Cognac (40 Vol.-%)	247	0	+
Mainzer, Harzer				Deutscher Weinbrand			
(10 % F. i. Tr.)	134	7	3,36	(38 Vol.-%)	243	0	+
Parmesan (50 % F. i. Tr.)	379	68	1,50	Gin (45 Vol.-%)	300	0	+
Romadur (20 % F. i. Tr.)	182	31	3,24	Klarer Korn (32 Vol.-%)	200	0	+
Romadur (30 % F. i. Tr.)	222	ca. 45	2,87	Obstler (45 Vol.-%)	300	0	+
Tilsiter (45 % F. i. Tr.)	356	115	1,81	Rum (54 Vol.-%)	350	0	+
				Whisky (43 Vol.-%)	250	0	+
Getränke, Spirituosen				Wodka (40 Vol.-%)	250	0	+
Kaffee[5]	0	0	+	Eierlikör (20 Vol.-%)	300	ca. 230	+
Kräutertee[5]	0	0	+	Fruchtlikör (30 Vol.-%)	ca. 320	0	+
Tee[5]	0	0	0,01	Magenbitter	370	0	+

+: in Spuren vorhanden; 1) pro 100 g; 2) mg pro 100 g; 3) g pro 100 g; 5) ohne Zucker, ohne Sahne; 6) siehe Etikett

67

Frühstück

Müslimischung

2 Portionen:

10 g	*Haselnüsse*
5 g	*Weizenkleie*
5 g	*Leinsamen (geschrotet)*
5 g	*Weizenkeime*
5 g	*Sonnenblumenkerne*
10 g	*Rosinen*
20 g	*Haferflocken*

● Die Zutaten miteinander vermengen und nach Belieben die Zutaten mit Joghurt, Dickmilch o. Ä. und frischem Obst anrichten.

Pro Portion: 119 kcal, 497 kJ, 4 g EW, 6 g F, 12 g KH, 4 mg Na, 185 mg K

Müsli mit Haferschrot

2 Portionen:

80 g	*Hafer (frisch geschrotet)*
120 ml	*Milch, 1,5 % F.*
130 g	*Pfirsich (entsteint)*
100 g	*Erdbeeren*
2 EL	*Sahne*
1 große Prise	*Vanillemarkpulver*

● Haferschrot mit Milch verrühren und $^1/_2$–1 Stunde quellen lassen. Pfirsich und Erdbeeren klein schneiden und darunter rühren. Sahne mit Vanillemarkpulver steif schlagen, das Müsli damit verzieren.

Pro Portion: 257 kcal, 1082 kJ, 8 g EW, 9 g F, 36 g KH, 39 mg Na, 460 mg K

Frischkornmüsli

2 Portionen:

80 g	*Weizen (frisch geschrotet)*
80 ml	*Wasser*
120 g	*Dickmilch (1,5 % F.)*
100 g	*Apfel (mit Schale)*
60 g	*Birne (mit Schale)*
1 große Prise	*Zimt*
12	*Haselnüsse*

● Den Weizen mittelgrob schroten, mit Wasser und Dickmilch zu einem dicken Brei verrühren und zugedeckt 8–12 Stunden im Kühlschrank quellen lassen.

● Den Apfel und die Birne klein schneiden. Eine große Prise Zimt und das Obst zu dem eingeweichten Weizen geben und verrühren.

● Die Haselnüsse fein hacken und darüber streuen.

Pro Portion: 232 kcal, 977 kJ, 8 g EW, 6 g F, 37 g KH, 37 mg Na, 390 mg K

Müsli mit Melone

2 Portionen:

80 g	Weizenflocken
200 ml	Milch (1,5 % F.)
120 g	Honigmelone
12 g	geschälte Mandeln (8 Stück)

● Die Weizenflocken mit der Milch verrühren, die Honigmelone würfeln und die Mandeln hacken. Dann die Zutaten vermengen.

Pro Portion: 236 kcal, 998 kJ, 10 g EW, 6 g F, 37 g KH, 61 mg Na, 555 mg K

Müsli mit Apfel

2 Portionen:

80 g	Haferflocken
250 ml 220 g	Milch (1,5 % F.) oder Joghurt (1,5 % F.)
100 g	Apfel mit Schale
10 g	Haselnüsse (10 Stück)
	Zucker oder Süßstoff
1/2 TL	Zitronensaft

● Die Haferflocken mit der Milch verrühren, den Apfel schneiden, die Haselnüsse fein hacken, eventuell Banane dazugeben.

● Die Zutaten mischen und mit Zucker oder Süßstoff sowie Zitronensaft abschmecken.

Pro Portion: 265 kcal, 1114 kJ, 10 g EW, 8 g F, 37 g KH, 63 mg Na, 439 mg K

Frischkäse-Haferbrot mit Gurke

2 Portionen:

2 Scheiben	*Haferbrot*
2 TL	*Sonnenblumen- oder Diätmargarine*
¹/₂ Becher	*körniger Frischkäse (20 % F. i. Tr.)*
¹/₂ kleine	*frische Salatgurke*
	Gartenkresse
	Pfeffer

● Haferbrot dünn mit Margarine bestreichen und mit körnigem Frisch-käse belegen. Gurke schälen, in Scheiben schneiden und das Brot damit belegen. Mit reichlich Gartenkresse bestreuen und pfeffern.

Pro Portion: 193 kcal, 809 kJ, 8 g EW, 6 g F, 26 g KH, 368 mg Na, 193 mg K

Käsebrot mit Kürbiskernen

2 Portionen:

2 Scheiben	*Grahambrot*
2 TL	*Sonnenblumen- oder Diätmargarine*
2 Scheiben	*milder Schnittkäse (30 % F. i. Tr.)*
	frischer Schnittlauch
1 TL	*Kürbiskerne*

● Grahambrot mit Margarine bestreichen und mit Käsescheiben bele-gen. Mit fein gehacktem Schnittlauch und Kürbiskernen bestreuen.

Pro Portion: 222 kcal, 933 kJ, 12 g EW, 11 g F, 20 g KH, 351 mg Na, 193 mg K

Süßes Leinsamenbrot

2 Portionen:

2 Scheiben	Leinsamenbrot
2 TL	Sonnenblumen- oder Diätmargarine
$^1/_2$ Becher	körniger Frischkäse (20 % F. i. Tr.)
4 TL	Konfitüre nach Wahl
1 TL	Leinsamen (geschrotet)

● Leinsamenbrot dünn mit Sonnenblumenmargarine bestreichen, Frischkäse und Konfitüre darauf geben. Mit geschrotetem Leinsamen bestreuen.

Pro Portion: 244 kcal, 1028 kJ, 9 g EW, 7 g F, 37 g KH, 275 mg Na, 148 mg K

Honigquark mit Vollkorncroissant

2 Portionen:

$^3/_4$ Becher	Magerquark
etwa 3 EL	Mineralwasser
2 TL	Akazienhonig
etwas	Zimt
2	Vollkorncroissants

● Quark mit Mineralwasser, Honig und Zimt cremig rühren. Vollkorncroissants halbieren und mit Honigquark bestreichen.

Pro Portion: 291 kcal, 1220 kJ, 15 g EW, 13 g F, 28 g KH, 200 mg Na, 151 mg K

75

Vollkornbrötchen mit Radieschenquark

2 Portionen:

³/₄ Becher	*Magerquark*
etwa 3 EL	*Mineralwasser*
¹/₂ Bund	*Radieschen*
	frische gehackte Kräuter: Dill, Schnittlauch, Petersilie
	Paprikapulver, Pfeffer
2	*Vollkornbrötchen*

● Quark mit Mineralwasser cremig rühren. Radieschen putzen, klein schneiden und mit den Kräutern in den Quark geben. Alles kräftig verrühren und mit den Gewürzen abschmecken. Vollkornbrötchen halbieren und mit dem Radieschen-Kräuterquark bestreichen.

Pro Portion: 160 kcal, 676 kJ, 16 g EW, 1 g F, 22 g KH, 274 mg Na, 315 mg K

Vollkornbrot mit Tomate

2 Portionen:

2 Scheiben	*Vollkornbrot*
2 TL	*Sonnenblumen- oder Diätmargarine*
60 g	*Camembert (60 % F. i. Tr.)*
2	*Tomaten*
	Pfeffer
2 TL	*Basilikum (gehackt)*

● Das Brot mit Margarine bestreichen und mit dem in Scheiben geschnittenen Camembert belegen. Die Tomatenscheiben darauf verteilen, pfeffern und mit Basilikum bestreuen.

Pro Portion: 257 kcal, 1077 kJ, 10 g EW, 15 g F, 21 g KH, 477 mg Na, 337 mg K

Snacks und Zwischenmahlzeiten

Heilbutttoast mit Kiwis

2 Portionen:

2	Kiwis
2 TL	Diätmargarine (10 g)
1–2 TL	Meerrettich (Glas)
2 Scheiben	Roggen- oder Vollkorntoast
4 Scheiben	Heilbutt geräuchert (à 30 g)
etwas	Zitronenmelisse oder Kresse

● Kiwis schälen und in Scheiben schneiden. Eine halbe Kiwi zerdrücken, mit der Margarine und dem Meerrettich vermischen.

● Toasts rösten und mit der Creme bestreichen. Heilbutt darauf legen und mit den Kiwischeiben und den Kräutern garnieren.

Pro Portion: 239 kcal, 980 kJ, 17 g EW, 6 g F, 26 g KH, 212 mg Na, 379 mg K

Truthahnbrust-Brötchen mit Kiwi

2 Portionen:

2	Vollkornbrötchen
2 TL	Sonnenblumen- oder Diätmargarine
2 Scheiben	Truthahnbrust
2	Kiwis

● Vollkornbrötchen halbieren, dünn mit Sonnenblumenmargarine bestreichen und mit Truthahnbrust belegen. Kiwis schälen, in Scheiben schneiden und das Brötchen damit belegen.

Pro Portion: 232 kcal, 972 kJ, 10 g EW, 10 g F, 25 g KH, 348 mg Na, 428 mg K

Geröstetes Knoblauchbrot mit Tomaten

2 Portionen:

1 große	reife Fleischtomate
1	Knoblauchzehe (gehackt)
	frischer Basilikum
	Pfeffer
2 Scheiben	Roggenbrot (oder Ciabatta, eine italienische Brotspezialität)
1 EL	Olivenöl
50 g	Raukesalat

● Die Tomate waschen, den Stielansatz entfernen. Das Tomatenfleisch klein schneiden und mit dem Knoblauch und gehackten Basilikum vermischen. Mit Pfeffer abschmecken.

● Brotscheiben rösten, mit Olivenöl beträufeln, mit vorbereiteter Rauke belegen und mit der Tomatenmasse bestreichen.

 Noch leckerer schmeckt das Brot, wenn Sie die Tomate kurz mit kochendem Wasser überbrühen und anschließend häuten. Danach wird sie geviertelt, entkernt und trockengetupft, bevor man sie klein schneidet.

Pro Portion: 116 kcal, 699 kJ, 4 g EW, 6 g F, 25 g KH, 267 mg Na, 253 mg K

Vegetarischer Hamburger

2 Portionen:

200 g	Tofu (Reformhaus oder Bioladen)
2 TL	Öl zum Braten
	Curry, Pfeffer
2 große	Roggenbaguettes
	Senf oder Tomatenmark
4	Salatblätter (am besten Eisbergsalat)
2	Tomaten
	glatte Petersilie

- Tofuscheiben in heißem Öl anbraten und herzhaft nach Geschmack z. B. mit Curry und Pfeffer würzen.

- Baguette halbieren, mit Senf oder Tomatenmark bestreichen.

- Vorbereitete Salatblätter, Tofuscheiben und Tomatenscheiben darauf legen.

- Mit glatter Petersilie garnieren und zusammenklappen.

 Tipp

Probieren Sie doch anstatt der Petersilie einmal andere frische Kräuter aus. Basilikum harmoniert besonders gut mit Tomate.

Pro Portion: 264 kcal, 1109 kJ, 13 g EW, 10 g F, 32 g KH, 288 mg Na, 436 mg K

Herzhafte Knäckebrote

2 Portionen:

4 Scheiben	Knäckebrot nach Wahl
etwas	Tomatenmark
2	gekochte Eier
4 kleine	Frühlingszwiebeln

● Knäckebrot mit Tomatenmark bestreichen und mit Eischeiben belegen.

● Die Frühlingszwiebeln klein schneiden und mit den Röllchen das Brot garnieren.

Pro Portion: 172 kcal, 725 kJ, 11 g EW, 7 g F, 17 g KH, 178 mg Na, 428 mg K

Obstsalat mit Rosinen und Sesam

2 Portionen:

500 g	Obst entsprechend der Jahreszeit (z. B. 1 Apfel, 1 Orange, 1 Birne)
$^1/_2$	Zitrone (Saft)
1 EL	Rosinen
2 TL	Sesamkörner

● Das Obst vorbereiten, klein schneiden und mit Zitronensaft beträufeln. Die Rosinen und die Sesamkörner untermischen.

Pro Portion: 176 kcal, 742 kJ, 2 g EW, 4 g F, 31 g KH, 8 mg Na, 435 mg K

Heidelbeermix

2 Portionen:

160 g	*Heidelbeeren (frisch, eingemacht oder gefroren)*
160 ml	*Kefir (1,5 % F.)*
	Vanillemarkpulver
	Zucker oder Süßstoff

● Die Heidelbeeren fein pürieren, mit dem Kefir kräftig verrühren und mit Vanillepulver und mit Zucker oder Süßstoff abschmecken.

Pro Portion: 64 kcal, 270 kJ, 3 g EW, 2 g F, 8 g KH, 41 mg Na, 172 mg K

Himbeermilch

2 Portionen:

160 g	*Himbeeren (frisch, eingemacht oder gefroren)*
160 ml	*Buttermilch*
etwas	*Zitronensaft*
	Ingwer oder Vanillemarkpulver
	Zucker oder Süßstoff

● Die Himbeeren fein pürieren und mit der Buttermilch kräftig verrühren. Das Ganze mit etwas Zitronensaft, Ingwer und Zucker oder Süßstoff abschmecken.

Pro Portion: 58 kcal, 246 kJ, 4 g EW, 1 g F, 7 KH, 47 mg Na, 261 mg K

Sanddorn-Orangen-Mix

2 Portionen:

40 ml	Sanddorn (ohne Zuckerzusatz)
250 ml	Orangensaft
etwas	Zitronensaft
	Zucker oder Süßstoff

● Den Sanddorn mit dem Orangensaft mixen. Mit Zitronensaft, Zucker oder Süßstoff abschmecken.

Pro Portion: 36 kcal, 153 kJ, 1 g EW, 1 g F, 7 g KH, 8 mg Na, 185 mg K

Erdbeer-Buttermilch-Mix

2 Portionen:

160 g	Erdbeeren (frisch, eingemacht oder gefroren)
120 ml	Buttermilch
etwas	Zitronensaft
	Zucker oder Süßstoff
	Ingwer

● Die Erdbeeren fein pürieren und mit der Buttermilch kräftig verrühren. Zum Schluss mit Zitronensaft, Zucker oder Süßstoff und Ingwer abschmecken.

Pro Portion: 49 kcal, 209 kJ, 3 g EW, 1 g F, 7 g KH, 37 mg Na, 215 mg K

Joghurt-Pfirsich-Bananen-Mix

2 Portionen:

100 g	Pfirsich (frisch oder eingemacht)
100 g	Banane
100 g	Joghurt (3,5 % F.)
etwas	Zitronensaft
	Vanillemarkpulver
	Zucker oder Süßstoff

● Den Pfirsich und die Banane fein pürieren und mit dem Joghurt kräftig vermengen. Den Mix mit den übrigen Zutaten nach Belieben abschmecken.

Pro Portion: 101 kcal, 430 kJ, 3 g EW, 2 g F, 17 g KH, 26 mg Na, 384 mg K

Maracuja-Orangen-Mix

2 Portionen:

120 ml	Milch (1,5 % F.)
80 ml	Maracujasaft (ohne Zuckerzusatz)
80 ml	Orangensaft (ohne Zuckerzusatz)
etwas	Zitronensaft
	Ingwer
	Zucker oder Süßstoff

● Die Milch mit den Fruchtsäften mischen und gut verrühren. Mit Zitronensaft, Ingwer und mit Zucker oder Süßstoff abschmecken.

Pro Portion: 62 kcal, 263 kJ, 3 g EW, 1 g F, 9 g KH, 38 mg Na, 279 mg K

Fruchtcocktail mit Vanillejoghurt

2 Portionen:

80 g	*Kiwi*
80 g	*Erdbeeren*
80 g	*Banane*
50 g	*Joghurt (1,5 % F.)*
	Vanillemarkpulver
etwas	*Zitronensaft*
	Zucker oder Süßstoff

● Die Kiwi, Erdbeeren und Banane klein schneiden und in Schälchen füllen. Den Joghurt mit Vanille, Zitronensaft und Zucker oder Süßstoff abschmecken und über die Früchte verteilen.

Pro Portion: 81 kcal, 345 kJ, 2 g EW, 1 g F, 15 g KH, 15 mg Na, 374 mg K

Mango-Orangen-Flip

2 Portionen:

100 g	*Mango (frisch oder eingemacht)*
160 g	*Buttermilch*
200 g	*Orangensaft (ohne Zuckerzusatz)*
	Zucker oder Süßstoff
	Vanillemarkpulver

● Die Mango pürieren und zusammen mit der Buttermilch sowie dem Orangensaft kräftig verrühren. Mit dem Zucker oder Süßstoff und Vanillenmarkpulver abschmecken und in Gläser füllen.

Pro Portion: 79 kcal, 336 kJ, 3 g EW, 1 g F, 14 g KH, 53 mg Na, 322 mg K

Salate

Möhren-Orangen-Rohkost

2 Portionen:

60 g	Joghurt (1,5 % F.)
½ TL	Zitronensaft
	Zucker oder Süßstoff
160 g	Möhren
80 g	Orangenfilets
2	Salatblätter

● Joghurt mit Zitronensaft abschmecken, süßen und alles zu einer Marinade verrühren. Möhren schälen, raspeln, mit den Orangenfilets und der Marinade mischen und auf den Salatblättern anrichten.

Pro Portion: 53 kcal, 228 kJ, 2 g EW, 1 g F, 10 g KH, 63 mg Na, 367 mg K

Chicorée-Orangen-Rohkost

2 Portionen:

100 g	Joghurt (1,5 % F.)
40 ml	Orangensaft (ohne Zuckerzusatz)
½ TL	Zitronensaft
10 g	kaltgepresstes Öl
	Zucker oder Süßstoff
100 g	Orangenfilets
120 g	Chicorée
2	Salatblätter

● Joghurt, Orangen-, Zitronensaft, Öl und Zucker oder Süßstoff zu einer Marinade verrühren. Die Orangenfilets zugeben. Chicorée putzen, in feine Streifen schneiden und zur Marinade geben, vermengen und auf Salatblättern anrichten.

Pro Portion: 111 kcal, 466 kJ, 3 g EW, 6 g F, 10 g KH, 27 mg Na, 323 mg K

Kohlrabi-Apfel-Rohkost

2 Portionen:

100 g	Joghurt (1,5 % F.)
¹/₂ TL	Zitronensaft
	Zucker oder Süßstoff
120 g	Kohlrabi
100 g	Apfel
2	Salatblätter

● Joghurt mit Zitronensaft glatt rühren und mit Zucker oder Süßstoff abschmecken. Den Kohlrabi und den Apfel schälen, grob raspeln und mit der Marinade vermengen. Auf den Salatblättern anrichten.

Pro Portion: 68 kcal, 287 kJ, 3 g EW, 1 g F, 11 g KH, 44 mg Na, 394 mg K

Sellerie-Ananas-Rohkost

2 Portionen:

80 g	Joghurt (1,5 % F.)
¹/₂ TL	Zitronensaft
	Zucker oder Süßstoff
100 g	frische Ananas
100 g	Sellerie
2	Salatblätter
1 TL	Petersilie (frisch gehackt)

● Joghurt und Zitronensaft verrühren und süßen. Die Ananas in feine Stifte schneiden und dazugeben. Den Sellerie schälen, grob raspeln und sofort mit der Soße vermengen. Das Ganze auf den Salatblättern anrichten und mit Petersilie garnieren.

Pro Portion: 57 kcal, 244 kJ, 3 g EW, 1 g F, 10 g KH, 85 mg Na, 350 mg K

Möhren-Sellerie-Ananas-Rohkost

2 Portionen:

40 g	*Möhre*
40 g	*Sellerie*
80 g	*frische Ananas*
¹/₂ TL	*Zitronensaft*
10 g	*Sonnenblumenöl*
	Zucker oder Süßstoff
2	*Salatblätter*

● Möhre und Sellerie schälen und grob raspeln. Ananas in feine Stifte schneiden und alles gut vermengen. Zitronensaft, das Sonnenblumenöl und den Zucker oder Süßstoff zu einer Marinade verrühren, über die Frischkost verteilen und auf den Salatblättern anrichten.

Pro Portion: 76 kcal, 319 kJ, 1 g EW, 5 g F, 7 g KH, 40 mg Na, 214 mg K

Porree-Radieschen-Rohkost

2 Portionen:

10 g	*kaltgepresstes Öl*
	Essig
	Pfeffer
	Zucker oder Süßstoff
1 TL	*gehackte Petersilie*
60 g	*Porree*
60 g	*Radieschen*

● Öl, Essig, Pfeffer, Zucker und die klein gehackte Petersilie zu einer Marinade verrühren. Den Porree in feine Streifen, die Radieschen in dünne Scheiben schneiden. Beides mit der Marinade vermengen.

Pro Portion: 57 kcal, 237 kJ, 1 g EW, 5 g F, 2 g KH, 7 mg Na, 162 mg K

Gurkensalat

2 Portionen:

200 g	*Salatgurke*
¹/₂ TL	*Sojasoße (kochsalzfrei)*
1–2 EL	*Zitronensaft*
	Pfeffer
1 Msp.	*Senf*
	Zucker oder Süßstoff
1 TL	*gehackter Dill*
1 TL	*gehackte Petersilie*
1 TL	*gehackter Schnittlauch*
¹/₂ TL	*Öl*

● Die Salatgurke schälen und in sehr dünne Scheiben hobeln, mit der Sojasoße vermischen und etwa 10 Minuten ziehen lassen.

● Die Kräuter hacken und vom Dill etwas zum Garnieren zurückbehalten.

● Anschließend die Kräuter und die restlichen Zutaten zur Gurke geben und unterrühren. Den Salat auf zwei Tellern anrichten und mit dem Dill garnieren.

Wer Gurkensalat lieber ohne Dill isst, nimmt stattdessen etwas mehr von der frischen Petersilie.

Pro Portion: 24 kcal, 99 kJ, 1 g EW, 1 g F, 2 g KH, 85 mg Na, 177 mg K

Tomatensalat

2 Portionen:

150 g	Tomaten
10 g	Zwiebel
1–2 EL	Zitronensaft oder Essig
	Pfeffer
1 TL	gehackte Basilikumblätter
1 TL	gehackte Petersilie
¹/₂ TL	Sojasoße (kochsalzfrei)
¹/₂ TL	Öl

● Die Tomaten vom Stielansatz befreien und entweder in Scheiben schneiden oder achteln.

● Die Zwiebel fein würfeln und mit den restlichen Zutaten vermischen. Die Soße ein paar Minuten ziehen lassen und dann die Tomaten unterheben.

Besonders würzig schmeckt die Marinade, wenn man noch 1 Msp. durchgepressten Knoblauch dazugibt.

Pro Portion: 28 kcal, 119 kJ, 1 g EW, 1 g F, 3 g KH, 78 mg Na, 226 mg K

Kräutersoße

2 Portionen:

20 g	*Zwiebel*
je 1 TL	*gehackter Dill, Borretsch, Petersilie, Schnittlauch, Zitronenmelisse*
	Essig nach Belieben
10 g	*kaltgepresstes Öl*
	Pfeffer
	Zucker oder Süßstoff
$^1/_2$	*gepresste Knoblauchzehe*

● Die Zwiebel klein schneiden, die Kräuter fein hacken. Den Essig und das Öl verschlagen und mit den Kräutern und Gewürzen vermengen. Die Marinade eignet sich für Blatt- und Weißkohlsalat.

Pro Portion: 53 kcal, 217 kJ, 1 g EW, 5 g F, 1 g KH, 3 mg Na, 74 mg K

Senfsoße

2 Portionen:

100 g	*Joghurt (1,5 % F.)*
$^1/_2$ TL	*Zitronensaft*
1 TL	*mittelscharfer Senf*
	Curry
	Zucker oder Süßstoff
$^1/_2$ EL	*gehackte Petersilie*

● Alle Zutaten gut miteinander verrühren und die gehackte Petersilie untermengen. Diese Marinade eignet sich für pikante Fruchtsalate, Chicorée-, Radicchio-, Erbsen- und Spargelsalat.

Pro Portion: 28 kcal, 117 kJ, 2 g EW, 1 g F, 3 g KH, 61 mg Na, 95 mg K

Paprikasoße

2 Portionen:

je 50 g	*rote und gelbe Paprikaschote*
20 g	*Gewürzgurke*
	Zwiebel nach Belieben
1 TL	*gehackter Schnittlauch*
10 g	*kaltgepresstes Öl*
	Rotweinessig nach Belieben
1 Msp.	*Paprikapulver*
	Pfeffer, Tabasco, Oregano
	Zucker oder Süßstoff

● Die geputzten Paprikaschoten, die Gurke und die Zwiebel in feine Würfel schneiden, mit den übrigen Zutaten mischen und abschmecken. Die Marinade eignet sich für Blattsalate.

Pro Portion: 61 kcal, 253 kJ, 1 g EW, 5 g F, 3 g KH, 193 mg Na, 89 mg K

Meerrettichsoße

2 Portionen:

100 g	*Joghurt (1,5 % F.)*
10 g	*geriebener Meerrettich*
1/₂ EL	*gehackte Petersilie*
	weißer Pfeffer
	Zucker oder Süßstoff

● Den Joghurt mit dem Meerrettich und der Petersilie verrühren. Das Ganze mit Pfeffer abschmecken und süßen. Die Marinade eignet sich für Blatt-, Endivien-, Chinakohl- und Tomatensalat.

Pro Portion: 29 kcal, 123 kJ, 2 g EW, 1 g F, 4 g KH, 24 mg Na, 118 mg K

Bunte Soße

2 Portionen:

20 g	*rote, grüne oder gelbe Paprikaschote*
20 g	*frische Champignons*
100 g	*Joghurt (1,5 % F.)*
20 g	*Perlzwiebeln*
20 g	*Paprikamark*
	Cayennepfeffer nach Belieben
	Zucker oder Süßstoff
1 TL	*Essig*
$^1/_2$ TL	*Sojasoße (kochsalzfrei)*
$^1/_2$ TL	*gehackter Majoran*
1 TL	*gehackter Schnittlauch*

● Die Paprikaschote waschen und würfeln, die Champignons waschen und blättrig schneiden.

● Den Joghurt mit den anderen Zutaten vermengen. Den klein geschnittenen Majoran und Schnittlauch hinzugeben und abschmecken.

● Die Marinade eignet sich für Tomaten-, Mais- und Feldsalat.

Pro Portion: 37 kcal, 158 kJ, 3 g EW, 1 g F, 5 g KH, 101 mg Na, 176 mg K

Salatsoße mit frischer Gurke

2 Portionen:

60 g	Salatgurke
1 TL	Schnittlauch
100 g	Joghurt (1,5 % F.)
	Pfeffer
	Zucker oder Süßstoff
1 TL	gehackter Dill
$^1/_2$	gepresste Knoblauchzehe

- Die Gurke schälen und im Mixer oder mit dem Pürierstab fein pürieren. Anschließend mit dem fein gehackten Schnittlauch zum Joghurt geben.

- Das Ganze verrühren und mit den Gewürzen, dem Dill und dem Knoblauch abschmecken.

- Die Marinade eignet sich für Paprikasalat.

Pro Portion: 31 kcal, 134 kJ, 2 g EW, 1 g F, 4 g KH, 26 mg Na, 141 mg K

Suppen

Kalte Tomatensuppe

2 Portionen:

100 g	Salatgurke
50 g	grüne Paprikaschote
200 g	geschälte Tomaten (auch aus der Dose)
3 EL	Mineralwasser
	weißer Pfeffer
$^1/_2$	gepresste Knoblauchzehe
$^1/_2$ TL	Sojasoße (kochsalzfrei)
	Zucker oder Süßstoff
1 TL	gehacktes Basilikum

- Die Salatgurke schälen, die Paprikaschote waschen und beides je zur Hälfte in grobe und feine Würfel schneiden.

- Die groben Würfel mit den geschälten Tomaten pürieren. Die feinen Würfel hinzugeben und mit dem Mineralwasser auffüllen.

- Mit dem Pfeffer, dem Knoblauch, der Sojasoße und dem Zucker oder Süßstoff pikant abschmecken. Mit dem gehackten Basilikum bestreuen und gut gekühlt servieren.

Pro Portion: 31 kcal, 133 kJ, 2 g EW, 0 g F, 5 g KH, 94 mg Na, 374 mg K

Tomatensuppe

2 Portionen:

300 g	Tomaten
10 g	Zwiebel
200 ml	kochsalzreduzierte Gemüse-brühe (2 g)
2 EL	Milch (1,5 % F.)
30 g	Tomatenmark
	weißer Pfeffer aus der Mühle
	Essig nach Belieben
	Oregano
$^1\!/_2$ TL	gehacktes Basilikum
$^1\!/_2$	gepresste Knoblauchzehe
$^1\!/_2$ TL	Johannisbrotkernmehl (1 g)
1 TL	gehackte Petersilie

● Die Tomaten waschen, grob zerkleinern und mit der gewürfelten Zwiebel etwa 10 Minuten in der Brühe kochen. Anschließend durch ein Sieb passieren, damit die Haut und Kerne im Sieb verbleiben. Danach das Tomatenpüree wieder zur Brühe geben und diese kurz aufkochen lassen.

● Die Milch mit dem Tomatenmark gut vermengen und in die Suppe rühren. Mit Pfeffer, Essig, Oregano, Basilikum und Knoblauch abschmecken. Unter ständigem Rühren das mit etwas Wasser ver-rührte Johannisbrotkernmehl zugeben und die Suppe binden.

● Zum Schluss mit gehackter Petersilie garnieren.

Pro Portion: 60 kcal, 254 kJ, 4 g EW, 2 g F, 7 g KH, 202 mg Na, 617 mg K

Gurkenkaltschale

2 Portionen:

300 g	Salatgurke
60 g	Joghurt (1,5 % F.)
	frischer Pfeffer aus der Mühle
1 TL	gehackter Dill
$\frac{1}{2}$	gepresste Knoblauchzehe
etwas	kochsalzreduzierte Gemüse-brühe
30 g	magere Putenwurst (ungepökelt, ungeräuchert)

● Die Salatgurke in grobe Würfel schneiden.

● Die Würfel mit dem Joghurt pürieren, dann mit Pfeffer, Dill und durchgepresstem Knoblauch abschmecken. Die Gemüsebrühe unterrühren.

● Die Putenwurst in sehr feine Streifen schneiden und dazugeben. Gut gekühlt servieren.

Pro Portion: 72 kcal, 303 kJ, 5 g EW, 3 g F, 5 g KH, 264 mg Na, 323 mg K

Brokkolisuppe

2 Portionen:

200 g	Brokkoli
250 ml	kochsalzreduzierte Gemüse-brühe (3 g)
1/2 TL	Johannisbrotkernmehl (1,5 g)
20 g	Joghurt (1,5 % F.)
	weißer Pfeffer aus der Mühle
	frisch geriebene Muskatnuss
	Zucker oder Süßstoff

● Den Brokkoli waschen, zerteilen und in der Gemüsebrühe 15 Minuten garen. Einen Teil mit einem Schaumlöffel herausnehmen, dann den restlichen Brokkoli pürieren.

● Unter ständigem Rühren das mit etwas Wasser verrührte Johannisbrotkernmehl hinzugeben und das Ganze kurz aufkochen lassen.

● Den Joghurt unterrühren und mit Pfeffer, Muskatnuss und Zucker oder Süßstoff abschmecken. Die restlichen Brokkoliröschen wieder hinzugeben.

Tipp

Man kann auch eine Brokkolicremesuppe daraus machen. Dann püriert man den gesamten Brokkoli und verfeinert mit 2 EL Sahne.

Pro Portion: 51 kcal, 217 kJ, 5 g EW, 2 g F, 4 g KH, 155 mg Na, 417 mg K

Kräutersuppe

2 Portionen:

10 g	Zwiebel
10 g	kaltgepresstes Öl
200 ml	kochsalzreduzierte Gemüse-brühe (2 g)
20 g	Frischkäse (20 % F.)
1/2 EL	gehackter Schnittlauch
1/2 EL	gehackte Petersilie
1/2 EL	Kresse
100 ml	Milch (1,5 % F.)
	Zucker oder Süßstoff
1 Msp.	Senf oder geriebener Meerrettich
	weißer Pfeffer aus der Mühle
1/2 TL	Johannisbrotkernmehl (1 g)

● Die gewürfelte Zwiebel im Öl anschwitzen und dann mit der Gemüsebrühe ablöschen.

● Den Frischkäse hinzugeben und aufkochen lassen. Die Kräuter und die Milch unterziehen. Mit Zucker oder Süßstoff, Senf oder Meerrettich und weißem Pfeffer würzen.

● Unter ständigem Rühren das mit etwas Wasser verrührte Johannisbrotkernmehl hinzugeben.

Pro Portion: 98 kcal, 406 kJ, 4 g EW, 8 g F, 3 g KH, 148 mg Na, 145 mg K

Blumenkohlsuppe

2 Portionen:

200 g	Blumenkohlröschen
1 Msp.	Glutamat
300 ml	kochsalzreduzierte Gemüse-brühe (3 g)
20 g	Frischkäse (20 % F.)
1 Msp.	frisch geriebene Muskatnuss
1 Msp.	Senf
	weißer Pfeffer aus der Mühle
3 TL	Joghurt (1,5 % F.)
	evtl. Johannisbrotkernmehl zum Binden
1 TL	gehackte Petersilie

- Die Blumenkohlröschen waschen und mit Glutamat in reichlich Wasser etwa 15 Minuten garen. Mit einer Schaumkelle die Röschen herausnehmen und die Hälfte pürieren.

- Das Blumenkohlpüree mit der erwärmten Gemüsebrühe verrühren und kurz aufkochen lassen. Die restlichen Röschen und den Frisch-käse dazugeben. Mit Muskatnuss und Senf abschmecken. Den Joghurt unterziehen und eventuell mit Johannisbrotkernmehl binden.

- Mit gehackter Petersilie bestreut servieren.

Pro Portion: 64 kcal, 274 kJ, 6 g EW, 3 g F, 4 g KH, 196 mg Na, 407 mg K

Hauptgerichte

Schweinerücken mit Champignons

2 Portionen:

250 g	Schweinerücken
	Glutamat
40 g	Zwiebel
40 g	Möhre
40 g	Sellerie
200 ml	kochsalzreduzierte Gemüsebrühe (2 g)
1	Lorbeerblatt
3	Wacholderbeeren
100 g	Champignons
	Paprika, Cayennepfeffer
$^1/_2$ TL	Johannisbrotkernmehl (1 g)

● Den Schweinerücken mit Glutamat würzen und mit den Zwiebelwürfeln, der Möhre, dem Sellerie, der Gemüsebrühe, dem Lorbeerblatt und den Wacholderbeeren nach Vorschrift in einen Bratenbeutel geben. Alles im vorgeheizten Backofen etwa 1 Stunde bei 175 °C garen.

● Den fertigen Schweinerücken herausnehmen und warm stellen. Den Fleischsaft durch ein Sieb streichen und in einem Topf auffangen. Die geschnittenen Champignons hinzufügen. Die Soße mit Paprika und Cayennepfeffer abschmecken.

● Nochmals erwärmen und unter ständigem Rühren das mit etwas Wasser verrührte Johannisbrotkernmehl zugeben.

Reichen Sie zu Schweinerücken mit Champignons am besten Prinzesskartoffeln.

Pro Portion: 165 kcal, 697 kJ, 30 g EW, 4 g F, 3 g KH, 233 mg Na, 803 mg K

Hackfleisch mit gemischtem Gemüse

2 Portionen:

10 g	*Öl*
40 g	*Zwiebel*
200 g	*Rindergehacktes*
	Glutamat
	Majoran, Paprika, Cayenne-pfeffer, Curry
250 ml	*kochsalzreduzierte Gemüse-brühe (2–3 g)*
60 g	*Porree*
60 g	*Champignons*
60 g	*Tomaten*

● Das Öl in einer beschichteten Pfanne erhitzen und die klein geschnittene Zwiebel kurz andünsten. Dann das Hackfleisch hinzugeben und gut anbraten.

● Anschließend Glutamat, Majoran, Paprika, Pfeffer, Cayennepfeffer und Curry zufügen und mit 250 ml Brühe auffüllen. Bei kleiner Flamme 20 Minuten köcheln lassen.

● Den Porree in Ringe schneiden, die Champignons vierteln und die Tomaten würfeln. Alles zum Hackfleisch geben und 10 Minuten mit garen.

Tipp

Besonders gut schmeckt dazu frisches Bauernbrot.

Pro Portion: 249 kcal, 1039 kJ, 23 g EW, 16 g F, 3 g KH, 202 mg Na, 624 mg K

115

Schweinefilet „exotische Art"

2 Portionen:

200 g	*Schweinefilet*
10 g	*Öl*
40 g	*Zwiebel*
60 g	*Porree*
250 ml	*kochsalzreduzierte Gemüse- brühe (2–3 g)*
	Glutamat, Curry
	Zucker oder Süßstoff
	schwarzer Pfeffer, Paprika
1	*Knoblauchzehe (gepresst)*
100 g	*Staudensellerie*
30 g	*Sojabohnenkeimlinge*
40 g	*Champignons*
etwas	*Weißwein*
etwas	*Milch (1,5 % F.)*
¹/₂ TL	*Johannisbrotkernmehl (1,5 g)*

- Das Schweinefilet in feine Streifen schneiden und in Öl anbraten. Die Zwiebel würfeln und den gewaschenen Porree in feine Streifen schneiden. Alles vermischen und mit dem Fleisch anbraten.

- Das Ganze mit der Brühe aufgießen und mit Glutamat, Curry, schwarzem Pfeffer, Paprika, Zucker oder Süßstoff und dem Knoblauch abschmecken.

- Den fein geschnittenen Staudensellerie, die Sojabohnenkeimlinge und die halbierten Champignons hinzugeben und alles etwa 20 Minuten gar ziehen lassen.

- Zum Schluss mit etwas Wein und fettarmer Milch verfeinern. Unter ständigem Rühren das mit etwas Wasser verrührte Johannisbrotkernmehl zugeben.

Pro Portion: 221 kcal, 927 kJ, 27 g EW, 9 g F, 6 g KH, 286 mg Na, 810 mg K

Indisches Curryhuhn

2 Portionen:

100 ml	Milch (1,5 % F.)
200 ml	kochsalzreduzierte Gemüse-brühe (2 g)
¹/₂ TL	Curry
1 Msp.	Ingwer
	Zucker oder Süßstoff
¹/₂ TL	Johannisbrotkernmehl (1 g)
240 g	mageres Hühnerfleisch
80 g	Ananas (frisch oder eingemacht)
80 g	Pfirsich (frisch oder eingemacht)
80 g	Banane

● Die Milch zu der Gemüsebrühe geben, beides erhitzen und mit Curry, Ingwer und Zucker oder Süßstoff abschmecken. Unter ständigem Rühren das mit etwas Wasser verrührte Johannisbrotkernmehl zugeben.

● Das Hühnerfleisch in Streifen schneiden. Die zerkleinerten Früchte und das Fleisch in die Soße geben und das Hühnercurry in etwa 30 Minuten garen.

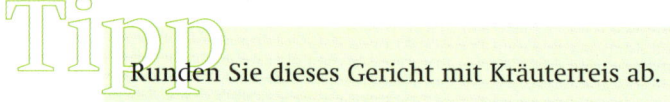

Tipp

Runden Sie dieses Gericht mit Kräuterreis ab.

Pro Portion: 272 kcal, 1146 kJ, 30 g EW, 8 g F, 19 g KH, 154 mg Na, 708 mg K

Hühnerfrikassee mit Gemüse

2 Portionen:

100 ml	Milch (1,5 % F.)
200 ml	kochsalzreduzierte Gemüse-brühe (2 g)
	Glutamat
	Muskat, Pfeffer
	Zucker oder Süßstoff
etwas	Zitronensaft
$^1/_2$ TL	Johannisbrotkernmehl (1,5 g)
200 g	gekochtes Hühnerfleisch
60 g	Erbsen
60 g	Spargel (frisch oder Konserve)
60 g	Tomaten
60 g	Champignons

● Die Milch zu der Gemüsebrühe geben und erhitzen. Mit Glutamat, Muskat, Pfeffer, Süßstoff und Zitronensaft abschmecken.

● Unter ständigem Rühren das mit etwas Wasser verrührte Johannis-brotkernmehl zugeben. Das Hühnerfleisch klein schneiden und in die Soße tun. Die Erbsen, den Spargel, die gewürfelten Tomaten und die geviertelten Champignons zu der Soße geben und in etwa 20 Minuten gar ziehen lassen.

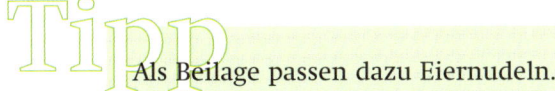

Tipp

Als Beilage passen dazu Eiernudeln.

Pro Portion: 312 kcal, 1301 kJ, 23 g EW, 21 g F, 6 g KH, 179 mg Na, 738 K

Hähnchenbrustfilet
mit Tomaten-Kartoffel-Gemüse

2 Portionen:

400 g	*Hähnchenbrustfilet*
40 g	*Butter*
4 EL	*Olivenöl*
200 ml	*kochsalzreduzierte Gemüse-brühe (2 g)*
3	*Fleischtomaten*
3 große	*fest kochende Kartoffeln*
2 Zweige	*Basilikum*
	Glutamat, Pfeffer

● Das Hähnchenbrustfilet in Butter mit ein wenig Olivenöl anbraten, Gemüsebrühe angießen und mit geschlossenem Deckel bei geringer Hitze gar ziehen lassen.

● Die Fleischtomaten enthäuten und entkernen, in dickere Scheiben schneiden, die geschälten Kartoffeln ebenfalls.

● Die Scheiben in dem restlichen Olivenöl kurz anbraten bis die Kartoffelscheiben goldbraun sind. Dann bei geschlossenem Deckel köcheln lassen. Die gehackten Basilikumblätter dazugeben, mit Glutamat und Pfeffer abschmecken.

● Das Filet aus der Pfanne nehmen, pfeffern und ein paar Minuten ruhen lassen. Anschließend in Scheiben schneiden und auf dem Tomaten-Kartoffel-Gemüse anrichten.

Pro Portion: 368 kcal, 1534 kJ, 24 g EW, 25 g F, 11 g KH, 245 mg Na, 754 mg K

Putengulasch

2 Portionen:

240 g	Putenbrust
2 TL	Öl
100 g	Zwiebeln
	Pfeffer, Glutamat
200 ml	kochsalzreduzierte Gemüsebrühe (2 g)
200 g	Kohlrabi
1/2 TL	gehackter Dill
50 g	saure Sahne

● Die Putenbrust grob würfeln, das Öl erhitzen und das Fleisch darin leicht anbraten. Die Zwiebeln mittelfein würfeln, dazugeben und auch anschwitzen.

● Mit Pfeffer und Glutamat würzen und die Brühe zugießen. Zugedeckt etwa 15 Minuten schmoren lassen.

● Den Kohlrabi in Streifen schneiden, zugeben und noch weitere 15 Minuten schmoren lassen. Den Dill nach Belieben hineinrühren und mit saurer Sahne verfeinern.

Tipp

Dazu wahlweise Vollkornreis oder Kartoffelbrei reichen.

Pro Portion: 245 kcal, 1034 kJ, 33 g EW, 9 g F, 7 g KH, 202 mg Na, 906 mg K

Putenschnitzel mit Orangen und Kiwi

2 Portionen:

240 g	*Putenschnitzel*
	Glutamat, Pfeffer
	Paprikapulver
10 g	*Margarine*
80 g	*Kiwi*
80 g	*Orangenfilets*
	Petersilie

- Die Putenschnitzel mit Glutamat, Pfeffer und Paprika würzen und auf ein mit Alufolie ausgelegtes Backblech geben. Im vorgeheizten Backofen etwa 15 Minuten bei 200 °C garen.

- Die Margarine in einem Topf weich werden lassen, Die Kiwischeiben und die Orangenfilets darin anschwitzen und zusammen mit den Putenschnitzeln servieren. Mit Petersilie garnieren.

Zu diesem Gericht schmeckt am besten Basmatireis.

Pro Portion: 265 kcal, 1117 kJ, 37 g EW, 10 g F, 7 g KH, 205 mg Na, 669 mg K

Rindfleisch mit Meerrettichsoße

2 Portionen:

1	Lorbeerblatt
3	Wacholderbeeren
40 g	Zwiebel
40 g	Möhren
40 g	Sellerie
240 g	Rindfleisch, mager
200 ml	kochsalzreduzierte Gemüse-brühe (2 g)
120 g	Milch (1,5 % F.)
60 g	Meerrettich (gerieben)
	frischer Pfeffer aus der Mühle
	Zucker oder Süßstoff
$\frac{1}{2}$ TL	Johannisbrotkernmehl (2 g)

- $2\frac{1}{2}$ l Wasser mit dem Lorbeerblatt, den Wachholderbeeren, der Zwiebel, der Möhre und dem Sellerie zum Kochen bringen. Das Fleisch in die kochende Flüssigkeit geben und in 60 Minuten bei kleiner Flamme garen.

- Danach das Fleisch herausnehmen und warm stellen. Entweder von der heißen Fleischbrühe 200 ml abmessen und davon das Fett abschöpfen, oder besser noch Gemüsebrühe verwenden. Die Milch und den Meerrettich in die Brühe geben.

- Das Ganze erhitzen, mit Pfeffer und Zucker oder Süßstoff abschmecken. Unter ständigem Rühren das mit etwas Wasser verrührte Johannisbrotkernmehl zugeben.

Pro Portion: 225 kcal, 951 kJ, 33 g EW, 6 g F, 9 g KH, 183 mg Na, 874 mg K

Lammnüsschen mit Kartoffelgratin

2 Portionen:	
300 g	Lammnüsschen
2	Knoblauchzehen
	Pfeffer
100 g	Wurzelgemüse (Möhre, Sellerie, Petersilie)
1 TL	Margarine
125 ml	kochsalzreduzierte Gemüsebrühe (1–2 g)
1	Lorbeerblatt
3	Wacholderbeeren

Für das Gratin:	
300 g	Kartoffeln
1	Zwiebel
$^1/_2$ EL	gehackter Schnittlauch
$^1/_2$ EL	gehackte Petersilie
	Pfeffer
2 EL	Sahne
50 ml	Gemüsebrühe (ungesalzen)

● Das Lammnüsschen mit Knoblauch spicken und mit Pfeffer würzen.

● Das gewürfelte Wurzelgemüse in Margarine andünsten, das Fleisch darauf legen. Die Brühe angießen, Lorbeerblatt und Wacholderbeeren dazugeben und alles bei 180 °C im Backofen etwa 35 Minuten garen.

● Für das Gratin die Kartoffeln schälen, waschen und in nicht zu dicke Scheiben schneiden und die Zwiebel hacken. Ein flache Auflaufform einfetten, die Zwiebel auf dem Boden verteilen, darüber die Kartoffelscheiben schichten. Mit den gehackten Kräutern bestreuen, pfeffern und salzen. Die Sahne mit der Brühe mischen und über die Kartoffeln gießen. Das Gratin zu dem Fleisch in den Backofen stellen und 15–20 Minuten garen lassen.

Pro Portion: 351 kcal, 1479 kJ, 35 g EW, 12 g F, 25 g KH, 153 mg Na, 1258 mg K

Fischgericht „Mallorca"

2 Portionen:

2 Stück	*Fischfilet (à 150 g)*
	(z. B. Rotbarsch oder Seelachs)
	Zitronensaft
500 g	*aromatische Fleischtomaten*
2	*Zwiebeln (80 g)*
2	*Knoblauchzehen*
4 TL	*Olivenöl (20 g)*
	Glutamat
1 Msp.	*Zucker*
	Pfeffer
1 Zweig	*Rosmarin*
1	*Lorbeerblatt*
3 EL	*trockener Rotwein*

- Filets kalt abspülen, trockentupfen und mit dem Zitronensaft marinieren.

- Fleischtomaten kurz mit heißem Wasser überbrühen, enthäuten und klein schneiden.

- Zwiebeln und Knoblauchzehen schälen, würfeln und in heißem Olivenöl in einer großen Pfanne andünsten. Tomatenwürfel dazugeben und mit den Kräutern würzen. Etwa 3 EL Rotwein dazugeben und 10 Minuten bei kleiner Hitze bei geschlossenem Deckel schmoren lassen.

- Fischfilets sparsam salzen, pfeffern und auf die Tomatenmasse legen. Bei geschlossenem Deckel nochmals 10–12 Minuten bei kleinster Hitze garen lassen.

- Abschmecken und servieren. Der Fisch sollte nicht zerfallen.

Pro Portion: 269 kcal, 1132 kJ, 28 g EW, 12 g F, 9 g KH, 132 mg Na, 1324 mg K

Petersilienlachs im Gemüsebett

2 Portionen:

300 g	*frisches Lachsfilet (oder tiefgekühlt)*
	Zitronensaft
	weißer Pfeffer
1 Bund	*Suppengrün von 500 g (Porree, Sellerie, Möhren)*
4 TL	*Öl (20 g)*
1 Msp.	*Zucker*
100 ml	*kochsalzreduzierte Gemüse- brühe (2 g)*
1 Bund	*glatte Petersilie*
50 ml	*Kaffesahne (10 % F.)*
	Glutamat

● Lachsfilet waschen und mit Zitronensaft beträufeln und pfeffern.

● Lauch in schräge Streifen, Sellerie und Möhren stifteln.

● In einem großen, flachen Topf das Öl erhitzen, Gemüse hinzugeben und darin andünsten. Mit Zucker und Pfeffer würzen, mit der Gemüsebrühe ablöschen.

● Petersilie waschen, trockenschütteln und hacken.

● Lachsfilets auf das Gemüse setzen, Sahne angießen und mit der Hälfte der Petersilie bestreuen. (Gibt ein schönes Aroma.) Bei kleiner Hitze und bei geschlossenem Deckel etwa 20 Minuten garen lassen. Der Fisch sollte nicht zerfallen.

● Mit Glutamat abschmecken und mit der restlichen Petersilie bestreuen und servieren.

Pro Portion: 487 kcal, 2033 kJ, 35 g EW, 34 g F, 11 g KH, 281 mg Na, 1388 mg K

Seelachs mit Kräuter-Käse-Soße

2 Portionen:	
300 g	Seelachsfilet
	Glutamat, Pfeffer
etwas	Zitronensaft
60 g	Tomaten
60 g	Möhren
60 g	Porree
60 g	Zucchini
100 ml	kochsalzreduzierte Gemüsebrühe (1 g)
	Paprika, Thymian
20 g	Vollkornmehl
2 TL	Öl
1 TL	gehackte Petersilie

Kräuter-Käse-Soße:	
100 ml	Milch (1,5 % F.)
200 ml	kochsalzreduzierte Gemüsebrühe (2 g)
20 g	Frischkäse (20 % F.)
	frisch geriebener Muskat
	Glutamat
	Pfeffer
$^1/_2$ TL	Sojasoße (kochsalzfrei)
je 1 TL	frisch gehackter Thymian, Estragon
$^1/_2$ TL	Johannisbrotkernmehl (1 g)

- Das Fischfilet mit Glutamat und Pfeffer würzen und mit Zitronensaft beträufeln.

- Die Tomaten, die Möhren, den Porree und die Zucchini in Würfel schneiden und etwa 5–10 Minuten in der Gemüsebrühe bissfest garen. Dann das Gemüse mit Paprika und Thymian abschmecken.

- Den Fisch im Vollkornmehl wenden und in einer beschichteten Pfanne etwa 7–10 Minuten in Öl braten. Das gedünstete Gemüse auf den Fisch geben und garniert mit Petersilie servieren.

- Die Milch zu der Gemüsebrühe geben und erhitzen. Den Käse hinzugeben und mit Muskat, Glutamat, Pfeffer, Sojasoße und den gehackten Kräutern abschmecken.

- Zuletzt das mit etwas Wasser verrührte Johannisbrotkernmehl zugeben und alles nochmals kräftig umrühren.

Pro Portion: 271 kcal, 1144 kJ, 33 g EW, 10 g F, 13 g KH, 368 mg Na, 1095 mg K

Schellfisch in Senfsoße

2 Portionen:

300 g	Schellfisch
	Glutamat
¹/₂ TL	Zitronensaft
100 g	Tomaten
100 g	Zucchini
100 g	Sellerie

Senfsoße:

120 ml	Milch (1,5 % F.)
200 ml	kochsalzreduzierte Gemüse-brühe (2 g)
1 Msp.	Senf
	Pfeffer aus der Mühle
	Zucker oder Süßstoff
¹/₂ TL	Zitronensaft
¹/₂ TL	Johannisbrotkernmehl (1 g)

● Den Fisch mit Glutamat und Zitronensaft würzen. Diesen dann auf ein mit Alufolie ausgelegtes Backblech oder in eine feuerfeste Form legen und im vorgeheizten Backofen etwa 25 Minuten bei 175 °C garen.

● Die Tomaten, die Zucchini und die Sellerie klein schneiden und in kochendem Wasser etwa 5–10 Minuten gar ziehen lassen.

● Die Milch in die Fleischbrühe geben. Senf, Pfeffer, Zucker oder Süßstoff und etwas Zitronensaft hinzugeben und das Ganze erhitzen.

● Unter ständigem Rühren das mit etwas Wasser verrührte Johannisbrotkernmehl zugeben. Das bissfeste Gemüse in der Soße erwärmen und mit dem Fisch servieren.

Pro Portion: 198 kcal, 840 kJ, 34 g EW, 5 g F, 7 g KH, 355 mg Na, 950 mg K

Fischfilet Zigeuner-Art

2 Portionen:

300 g	*Kabeljaufilet*
	Glutamat
1/2 TL	*Zitronensaft*

Zigeunersoße:

100 ml	*Milch (1,5 % F.)*
160 ml	*kochsalzreduzierte Gemüse-brühe (2 g)*
	Paprika, Curry, Cayennepfeffer
	Oregano, Rosmarin
	Zucker oder Süßstoff
40 g	*Tomatenmark*
1/2 TL	*Johannisbrotkernmehl (2 g)*
60 g	*Champignons*
40 g	*rote Paprikaschote*
60 g	*Erbsen*

- Das Fischfilet mit Glutamat würzen und mit Zitronensaft beträufeln. Dann auf ein mit Alufolie ausgelegtes Backblech legen. Im vorgeheizten Backofen bei 175 °C etwa 20 Minuten garen.

- Milch zur Brühe geben und erhitzen. Das Ganze mit Paprika, Curry, Cayennepfeffer, Oregano, Rosmarin und Zucker oder Süßstoff abschmecken. Das Tomatenmark unterrühren.

- Unter ständigem Rühren das mit etwas Wasser verrührte Johannisbrotkernmehl zugeben.

- Zuletzt die blättrig geschnittenen Champignons und die gewürfelte Paprikaschote sowie die Erbsen in die Soße geben und etwas ziehen lassen. Die Soße über den Fisch geben und servieren.

Pro Portion: 203 kcal, 861 kJ, 33 g EW, 4 g F, 9 g KH, 259 mg Na, 1068 mg K

Kabeljaufilet mit Currysoße

2 Portionen:

300 g	Kabeljaufilet
	Glutamat
1/2 TL	Zitronensaft

Currysoße mit Früchten:

100 ml	Milch (1,5 % F.)
200 ml	kochsalzreduzierte Gemüse-brühe (2 g)
	Curry, Ingwer
	Zucker oder Süßstoff
1/2 TL	Johannisbrotkernmehl (1,5 g)
100 g	Ananas (frisch oder eingemacht)
60 g	Banane
60 g	Apfel

● Die Kabeljaufilets mit Glutamat würzen und mit Zitronensaft beträufeln. Den Fisch auf ein mit Alufolie ausgelegtes Backblech geben. Im vorgeheizten Backofen bei 175 °C etwa 20–25 Minuten garen.

● Die Milch zu der Gemüsebrühe geben. Curry, Ingwer sowie den Zucker oder Süßstoff zufügen und das Ganze erhitzen. Unter ständigem Rühren das mit etwas Wasser verrührte Johannisbrotkernmehl zugeben.

● Ananas in Stücke, Banane in Scheiben und Apfel in Stifte schneiden, in die Soße geben und etwa 1–3 Minuten dünsten. Die Soße mit dem Fisch servieren.

Pro Portion: 244 kcal, 1034 kJ, 32 g EW, 4 g F, 19 g KH, 203 mg Na, 711 mg K

Gedünsteter Lachs mit Dill-Sahne-Soße

2 Portionen:

2 Scheiben	*frischer Lachs (à 200 g)*
	Zitronensaft
	Glutamat
	weißer Pfeffer
4 TL	*Öl*
100 ml	*trockener Weißwein (oder Fischfond oder Gemüsebrühe)*
100 ml	*Kaffeesahne (10 % F.)*
1–2 TL	*Senf*
2 Bund	*Dill*

- Lachs abspülen und mit Küchenkrepp trockentupfen. Mit Zitronensaft beträufeln und mit Glutamat und Pfeffer würzen.

- Sofort in heißem Öl in einer Pfanne von beiden Seiten goldbraun dünsten. Wein oder Fond hinzugießen und den Fisch bei kleiner Hitze bei geschlossenem Deckel 10–12 Minuten garen lassen.

- Den Lachs anschließend herausnehmen und kurz warm stellen.

- Für die Soße: Sahne kräftig mit Senf und Pfeffer verrühren, in die Pfanne geben und einige Minuten einkochen lassen. Dill hacken (1 EL zur Seite stellen) und dazugeben. Verrühren, nochmals würzen und abschmecken.

- Den Lachs auf vorgewärmte Teller legen und mit der Dill-Sahne-Soße überziehen.

- Mit Dill bestreut servieren.

Pro Portion: 598 kcal, 2490 kJ, 42 g EW, 43 g F, 3 g KH, 199 mg Na, 916 mg K

Überbackener Fisch mit Blattspinat

2 Portionen:

400 g	Blattspinat (tiefgefroren)
300 g	Fischfilet (z. B. Blauleng)
	Zitronensaft
2 TL	Öl (10 g)
2	Zwiebeln (gewürfelt)
2	gepresste Knoblauchzehen
	Muskat
	Pfeffer
	Glutamat
100 ml	Sahne (30 % F.)
	Öl für die Auflaufform
2 EL	geriebener Parmesankäse

- Blattspinat nach Packungsangabe vorsichtig in einem Topf mit etwas Wasser langsam auftauen lassen.

- Fischfilets abspülen, trockentupfen und mit Zitronensaft beträufeln.

- Öl erhitzen, Zwiebelwürfel darin andünsten, Knoblauch hinzufügen und alles kurz schmoren. Spinat hinzufügen und mit andünsten. Mit Muskat, Pfeffer, Glutamat und mit der Hälfte der Sahne abschmecken.

- Spinatmasse in eine gefettete Auflaufform geben, Fischfilets darauf setzen und die restliche Sahne darüber geben. Abdecken.

- Im vorgeheizten Ofen 20 Minuten backen. Nach 15 Minuten abdecken, mit geriebenem Parmesankäse bestreuen und noch einige Minuten überbacken, bis der Käse schön zerlaufen ist. Vor dem Servieren probieren und abschmecken.

Pro Portion: 386 kcal, 1613 kJ, 37 g EW, 25 g F, 4 g KH, 327 mg Na, 1886 mg K

Gefüllte Kohlrabi mit Käsesoße

2 Portionen:	
300 g	Kohlrabi
200 g	Kartoffeln
60 g	grüne Paprikaschote
	Pfeffer, Muskat, Paprikapulver
1 TL	gehackte Petersilie
etwas	Milch (1,5 % F.) zum Glattrühren

Käsesoße:	
100 ml	kochsalzreduzierte Gemüsebrühe (1 g)
60 g	Frischkäse (20 % F.)
200 ml	Milch (1,5 % F.)
	Pfeffer
1 Msp.	Senf
1/2 TL	Johannisbrotkern-mehl (1,5 g)
1 TL	gehackter Schnitt-lauch

● Die Kohlrabi schälen und aushöhlen. Die Kartoffeln kochen und durch ein Sieb passieren. Die Paprikaschote in feine Würfel schneiden und zu den Kartoffeln geben. Das Ganze mit Pfeffer, Muskat, Paprikapulver und der gehackten Petersilie abschmecken.

● Die Masse in die Kohlrabi füllen und auf ein mit Alufolie ausgelegtes Backblech setzen. Im vorgeheizten Backofen bei 175 °C etwa 30–40 Minuten garen.

● Die Gemüsebrühe und den Frischkäse zur Milch geben und alles erhitzen. Mit Pfeffer und Senf abschmecken. Unter ständigem Rühren das mit etwas Wasser verrührte Johannisbrotkernmehl zugeben. Zuletzt den klein geschnittenen Schnittlauch zufügen und die Soße mit den Kohlrabi servieren.

Pro Portion: 201 kcal, 848 kJ, 13 g EW, 4 g F, 27 g KH, 229 mg Na, 1288 mg K

Gefüllte Paprikaschote mit Tomatensoße

2 Portionen:	
40 g	Reis
300 g	gelbe Paprikaschote
100 g	Champignons
60 g	Erbsen
60 g	Mais
	Glutamat, Pfeffer, Paprikapulver
1 TL	gehacktes Basilikum
1 TL	gehackter Estragon
	Thymian

Tomatensoße:	
200 ml	Milch (1,5 % F.)
200 ml	kochsalzreduzierte Gemüsebrühe (2 g)
60 g	Tomatenmark
	Pfeffer, Paprika, Curry, Oregano
	Tabasco
	Zucker oder Süßstoff
	Essig
1/2 TL	Johannisbrotkern-mehl (1,5 g)

- Den Reis gar kochen. Die Paprikaschote waschen. Den Stielansatz wie einen Deckel abschneiden, die Kerne entfernen.

- Die klein geschnittenen Champignons, die Erbsen und den Mais zum Reis geben. Das Ganze mit Glutamat, Pfeffer, Paprikapulver und den Kräutern vermischen.

- Die Reis-Gemüse-Masse in die Paprikaschoten füllen. Diese auf ein Backblech geben und bei 175 °C etwa 25–30 Minuten garen.

- Die Milch zur Gemüsebrühe geben. Das Tomatenmark hineinrühren und alles erhitzen. Mit Pfeffer, Paprika, Curry, Oregano, Tabasco, Zucker oder Süßstoff und Essig abschmecken.

- Unter ständigem Rühren das mit etwas Wasser verrührte Johannis-brotkernmehl zugeben. Die Soße zusammen mit den Paprikaschoten servieren.

Pro Portion: 241 kcal, 1023 kJ, 11 g EW, 4 g F, 39 g KH, 183 mg Na, 1114 mg K

Ofenkartoffeln mit Birnen und Thymian

2 Portionen:

500 g	*Kartoffeln ohne Schale (festkochend)*
500 g	*Kochbirnen (sollten fest sein)*
	Öl für die Auflaufform
	Glutamat
	Pfeffer
1 Msp.	*Muskatpulver*
	frischer Thymian oder geriebene Ingwerwurzel
1 Tasse	*süße Sahne (30 % F.)*
1 Tasse	*fettarme Milch*
50 g	*geriebener Käse (40 % F. i. Tr.)*

- Die geschälten Kartoffeln in hauchdünne Scheiben hobeln.
  Tipp: Geht am besten mit dem Gemüsehobel. Mit einem sauberen Geschirrtuch trockentupfen.

- Kochbirnen schälen, halbieren, entkernen, in dünne Scheiben schneiden.

- Auflaufform einfetten. Kartoffel- und Birnenscheiben abwechselnd einschichten.

- Jede Schicht mit Glutamat, Pfeffer, Muskat und frischen Thymian-blättchen oder Ingwer würzen.

- Sahne und Milch verquirlen und vom Rand her über die Kartoffel-Birnen-Masse gießen. Im vorgeheiztem Backofen auf der mittleren Schiene bei 180–200 °C (Umlauft etwa 160–170 °C) langsam etwa 45 Minuten backen. Evtl. die Temperatur etwas herunterschalten.

- Kurz vor Ende der Garzeit den geriebenen Käse über den Auflauf streuen und noch etwa 10 Minuten überbacken!

Pro Portion: 654 kcal, 2738 kJ, 17 g EW, 32 g F, 74 g KH, 273 mg Na, 1561 mg K

Gemüseauflauf mit Käsesoße

2 Portionen:

40 g	Weizenkeime
40 g	Sonnenblumenkerne
100 g	Champignons
60 g	Porree
100 g	Tomaten
100 g	Staudensellerie
100 g	Sojakeimlinge
100 g	Erbsen
1	Ei
	Pfeffer aus der Mühle
	Glutamat, Paprika
½ TL	Sojasoße (koch-salzarm)
	Curry

1 TL	gehackte Petersilie
1 TL	gehackter Schnittlauch
1 TL	gehackter Liebstöckel

Käsesoße:

100 ml	Milch (1,5 % F.)
200 ml	kochsalzreduzierte Gemüsebrühe (2 g)
60 g	Frischkäse (20 % F.)
	Muskat, Pfeffer
½ TL	Johannisbrotkern-mehl (1,5 g)
½ TL	gehackte Petersilie

- Die Weizenkeime und die Sonnenblumenkerne in einer Pfanne ohne Fett kurz anrösten.

- Die geviertelten Champignons, den in feine Ringe geschnittenenen Porree, die gewürfelten Tomaten, den klein geschnittenen Stauden-sellerie, die Sojakeimlinge, die Erbsen und das verschlagene Ei hin-zufügen und alles vermengen. Mit den Gewürzen und den Kräutern abschmecken.

- Das Ganze in eine gefettete Auflaufform füllen und im vorgeheizten Backofen bei 180 °C etwa 20 Minuten garen.

- Für die Käsesoße die Milch zu der Gemüsebrühe geben. Dann den Frischkäse hineingeben und bei kleiner Flamme schmelzen lassen. Mit Muskat und Pfeffer abschmecken.

- Unter ständigem Rühren das mit etwas Wasser verrührte Johannis-brotkernmehl zugeben. Zuletzt die gehackte Petersilie hinzufügen.

Pro Portion: 375 kcal, 1573 kJ, 28 g EW, 19 g F, 23 g KH, 382 mg Na, 1277 mg K

Sechskornbratlinge

2 Portionen:

60 g	*Sechskorngetreide (mittelfein geschrotet)*
40 g	*Porree*
40 g	*Möhren*
20 g	*Zwiebel*
1	*gehackte Knoblauchzehe*
20 g	*Magerquark*
	schwarzer Pfeffer aus der Mühle
	Paprika, Muskat
	Thymian, Oregano
40 g	*Tomate*
30 g	*Edamer (30 % F. i. Tr.)*
1 TL	*gehackte Petersilie*

● Das mittelfein geschrotete Sechskorngetreide über Nacht in Wasser einweichen lassen.

● Den Porree und die Möhren putzen und klein schneiden. Die gewürfelte Zwiebel, den fein gehackten Knoblauch und den Quark in die Bratlingmasse geben und mit den Gewürzen abschmecken.

● Aus der Masse mit feuchten Händen Bratlinge formen, dann auf ein eingefettetes Backblech legen und mit einer Scheibe Tomate und Käse belegen. Im Backofen bei 180 °C etwa 30 Minuten garen. Mit fein gehackter Petersilie servieren.

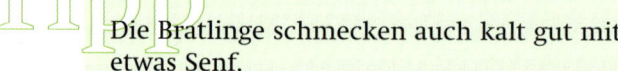

Tipp Die Bratlinge schmecken auch kalt gut mit etwas Senf.

Pro Portion: 154 kcal, 651 kJ, 10 g EW, 3 g F, 21 g KH, 141 mg Na, 320 mg K

Gemüseauflauf mit ganzem Getreide

2 Portionen:

40 g	*Getreide (Grünkern, Weizen, Gerste, Roggen)*
50 g	*Zwiebel*
1 EL	*Öl*
120 g	*Tomaten*
1 TL	*gehacktes Basilikum*
1 TL	*gehackter Oregano*
1 TL	*gehackter Estragon*
	Pfeffer aus der Mühle
200 ml	*kochsalzreduzierte Gemüse-brühe (2 g)*
160 g	*Zucchini*
100 g	*Möhren*
50 g	*Käse (30 % F. i. Tr.)*

● Das Getreide ganz nach Belieben zusammenstellen und über Nacht in reichlich Wasser quellen lassen. Dann im Einweichwasser etwa 10 Minuten kochen. Überschüssiges Wasser abgießen.

● Die Zwiebel würfeln und in Öl andünsten. Die gehäuteten Tomaten würfeln und dazugeben. Das Ganze mit den fein gehackten Kräutern und Pfeffer würzen und mit der Gemüsebrühe aufgießen und etwa 15 Minuten bei mittlerer Hitze kochen lassen.

● Die Zucchini und die Möhren in Scheiben schneiden und in sehr wenig Wasser halbgar dünsten, den Käse würfeln.

● In eine gefettete Auflaufform zuunterst die Zucchini und Möhren schichten, darüber die Tomatensoße gießen, darauf das Getreide verteilen und zum Schluss mit Käsewürfeln belegen.

● Im vorgeheizten Backofen bei etwa 200 °C etwa 25–30 Minuten garen.

Pro Portion: 231 kcal, 969 kJ, 12 g EW, 11 g F, 20 g KH, 339 mg Na, 599 mg K

Hügelpizza

4 Portionen:

100 g	*Weizenvollkornmehl (Type 1050)*
1 TL	*Trockenhefe*
60 ml	*lauwarmes Wasser*
1 El	*Olivenöl*
20 g	*Tomatenmark*
	Basilikum, Oregano
	Glutamat, Tabasco
	Paprikapulver, Pfeffer
40 g	*Brokkoli*
25 g	*Champignons*
30 g	*Zwiebel*
30 g	*Schnittkäse (30 % F. i. Tr.)*

- Das Vollkornmehl mit der Trockenhefe vermischen. Das lauwarme Wasser sowie das Öl hinzugeben und alles zu einem gut formbaren Teig vermischen. Den Teig etwa 1 Stunde gehen lassen. Danach ausrollen.

- Das Tomatenmark mit Basilikum, Oregano, Glutamat, Tabasco, Paprika und Pfeffer mischen. Die Mischung auf der Pizza verteilen.

- Den Brokkoli in kleine Röschen zerteilen und kurz in heißem Wasser garen. Die Champignons blättrig und die Zwiebel in dünne Ringe schneiden. Alles auf dem ausgerollten Pizzateig verteilen. Zuletzt mit Käse belegen.

- Den Backofen auf 200 °C vorheizen. Das Backblech mit Backpapier auslegen, die Pizza darauf legen und im Ofen etwa 25–30 Minuten garen.

- Die Pizza in 4 gleich große Stücke schneiden.

Pro Portion: 127 kcal, 534 kJ, 6 g EW, 4 g F, 16 g KH, 95 mg Na, 228 mg K

Tomatentorte

4 Portionen:

125 g	Haferflocken
125 g	Mehl (Type 405)
125 g	Butter
1	Eigelb
$\frac{1}{4}$ TL	Glutamat
4–6 EL	Wasser
125 g	Putenbrustaufschnitt
1 große	grüne Paprikaschote
3 mittelgroße	Tomaten
125 g	Frischkäse
1 Bund	Petersilie
250 g	saure Sahne
	Tabasco
3 große	Eier
2 EL	Haferflocken (aus Instantpulver), gehäuft

- Haferflocken, Mehl, Butter, Eigelb, Glutamat und Wasser verkneten. Den Teig in eine eingefettete Springform (26 cm Ø) geben, dabei einen Rand hochziehen. Bei 190 °C auf der unteren Einschubschiene etwa 15 Minuten vorbacken.

- Den Putenbrustaufschnitt würfeln, die Paprika klein schneiden, die Tomaten blanchieren, abziehen und in dicke Scheiben schneiden, den Frischkäse darüber geben. Alle Zutaten auf dem vorgebackenen Tortenboden verteilen.

- Die Petersilie hacken, in die saure Sahne geben und mit Glutamat, Tabasco, Eiern und Instantflocken verrühren. Die Masse über den belegten Boden gießen. Die Tomatentorte wieder in den Ofen schieben und bei 180 °C noch einmal 30–40 Minuten backen.

Pro Portion: 778 kcal, 3246 kJ, 31 g EW, 51 g F, 49 g KH, 215 mg Na, 611 mg K

Brokkoli-Fenchel-Auflauf mit Pinienkernen

2 Portionen:

300 g	*Brokkoli*
	Gemüsebrühe zum Blanchieren
1 Knolle	*Fenchel*
250 g	*gekochte Kartoffeln*
	Öl für die Auflaufform
1	*Ei*
1 Becher	*saure Sahne (10 % F.)*
¹/₂ Tasse	*fettarme Milch (1,5 % F.)*
1	*gepresste Knoblauchzehe*
	Glutamat, Muskat, Pfeffer
50 g	*geriebener Emmentaler*
2 EL	*Pinienkerne*

● Brokkoli waschen, putzen und in Röschen teilen und etwa 5 Minuten in Gemüsebrühe blanchieren. Fenchel putzen, waschen, halbieren, den Strunk herauslösen und in breite Streifen schneiden. Ebenfalls in Gemüsebrühe einige Minuten blanchieren.

● Gemüse gut abtropfen lassen. Kartoffeln pellen und in Scheiben schneiden. In ein mit Öl ausgepinselte Auflaufform geben. Brokkoli und Fenchel einschichten.

● Ei mit der sauren Sahne und der Milch kräftig verrühren. Wer es mag, presst noch eine Knoblauchzehe hinein. Mit Glutamat, Muskat und Pfeffer würzen. Die Sahnesoße über die Gemüse-Kartoffel-Mischung geben. Mit geriebenem Emmentaler Käse bestreuen.

● Den Auflauf im vorgeheizten Backofen etwa 15–20 Minuten überbacken. Den besonderen Pfiff erhält dieser Auflauf, wenn Sie etwa 5 Minuten vor Ende der Garzeit noch 2 EL Pinienkerne (oder auch Sonnenblumenkerne) darüber streuen.

Pro Portion: 457 kcal, 1911 kJ, 27 g EW, 24 g F, 31 g KH, 363 mg Na, 2033 mg K

Gemüsecurry mit Naturreis

2 Portionen:

150 g	Naturreis
300 ml	kochsalzreduzierte Gemüse-brühe (3 g)
1 Stange	Lauch (150 g)
150 g	Zucchini
1 rote	Paprikaschote (150 g)
1 kleine	Zwiebel
2 TL	Olivenöl
50 g	tiefgefrorene Erbsen
1	gepresste Knoblauchzehe
	Pfeffer aus der Mühle
1–2 EL	Currypulver
1 Msp.	Chilipulver
	Glutamat
1 Bund	glatte Petersilie (gehackt)

● Naturreis auf einem Sieb abspülen, in der Gemüsebrühe (Verhältnis 1:2) zum Kochen bringen und bei kleiner Hitze (und bei geschlosse- nem Deckel) etwa 25–30 Minuten quellen lassen.

● Inzwischen das Gemüse waschen und putzen. Zwiebel würfeln. Den Porree schräg in Streifen schneiden, Zucchini in Scheiben schnei- den und Paprika grob würfeln.

● Zwiebelwürfel in einer großen Pfanne in dem heißen Öl andünsten. Gemüsestückchen, Erbsen und gepresste Knoblauchzehe dazugeben und kräftig schmoren lassen. Evtl. etwas Flüssigkeit angießen. Mit Pfeffer, 1 EL Currypulver und Chilipulver würzen und bei geschlos- senem Deckel 10–15 Minuten bissfest garen lassen.

● Zum Schluss den gegarten Reis in die Pfanne geben, vorsichtig umrühren. Bei Bedarf noch etwas Flüssigkeit zugeben. Nochmals mit Curry und Glutamat abschmecken. Mit Petersilie garnieren.

Pro Portion: 433 kcal, 1830 kJ, 15 g EW, 8 g F, 75 g KH, 86 mg Na, 717 mg K

Dinkelpfanne mit Gemüse

2 Portionen:	
100 g	Dinkelkörner
250 ml	kochsalzreduzierte Gemüsebrühe (3 g)
500 g	Gemüse (z. B. Champignons, Möhren, Kohlrabi, Porree)
1 kleine	Zwiebel
2 TL	Öl
etwas	kochsalzreduzierte Gemüsebrühe
1	Lorbeerblatt
	weißer Pfeffer
	Paprikapulver
	Muskatpulver

Joghurtdip:	
150 g	Joghurt (1,5 % F.)
75 g	saure Sahne (10 % F.)
2 Bund	Schnittlauch
	weißer Pfeffer
1 Msp.	Senf

- Die Dinkelkörner über Nacht in kaltem Wasser quellen lassen. Die Gemüsebrühe zum Kochen bringen, eingeweichte Dinkelkörner dazugeben, kurz umrühren und bei geschlossenem Deckel bei kleinster Hitze 30 Minuten köcheln lassen. Ausquellen lassen.

- Champignons gründlich putzen, evtl. mit einem Pinsel säubern und halbieren bzw. vierteln. Nicht waschen, sie verlieren sonst an Aroma! Möhren und Kohlrabi putzen, waschen und in Scheiben schneiden. Porree waschen, putzen und klein schneiden.

- Zwiebeln würfeln und in heißem Öl in einer großen Pfanne andünsten, Gemüse dazugeben und kurz mitdünsten lassen. Mit etwas Brühe ablöschen. Lorbeerblatt dazugeben und würzen. Bei geschlossenem Deckel etwa 10–12 Minuten bissfest garen.

- Gegarte Dinkelkörner in die Pfanne geben und kurz mitschmoren. Mit Pfeffer und Paprika kräftig würzen und mit etwas Muskat abschmecken. Zum Schluss sparsam salzen.

Pro Portion: 354 kcal, 1490 kJ, 15 g EW, 12 g F, 46 g KH, 158 mg Na, 1302 mg K

Makkaroni-Brokkoli-Kuchen mit Tomatensoße

10 Portionen:	
250 g	Makkaroni
1 kg	Brokkoli
250 g	Schlagsahne
3	Eier
1 Bund	Basilikum
100 g	geriebener Gouda
	Paprikapulver, edelsüß
2 Pakete	Kresse
	Glutamat, Pfeffer

Für die Tomatensoße:	
1	Ei
1 EL	Zitronensaft
100 ml	Sonnenblumenöl
150 g	Crème fraîche
2 EL	Tomatenmark
1 große	Tomate
	Glutamat, Pfeffer

● Die Kastenform mit Backpapier auslegen. Die Makkaroni in reichlich Salzwasser garen. Die Brokkoliröschen von den Stielen schneiden, waschen und 2 Minuten in kochendem Salzwasser blanchieren. Die Stiele werden nicht verwendet.

● Ein Drittel des Brokkolis mit ca. 200 g der Sahne pürieren, die Eier dazugeben und gut vermengen. Die Basilikumblättchen fein hacken und mit dem geriebenen Käse unter die Brokkolisahne mischen. Kräftig mit Paprikapulver, Salz und Pfeffer abschmecken.

● Makkaroni und Brokkoli abwechselnd in die Kastenform schichten. Den Brokkoli jeweils mit einem Teil der Brokkolisahne bedecken. Die letzte Schicht sollen Makkaroni sein. Mit der restlichen Sahne übergießen.

● Den Kuchen in den kalten Backofen stellen und bei 175 °C etwa 40 Minuten backen.

● Für die Zubereitung der Tomatensoße trennt man Eigelb und Eiweiß. Das Eigelb mit dem Zitronensaft cremig aufschlagen. Das Öl zuerst tropfenweise, dann in einem dünnen Strahl mit dem Quirl des Handrührgerätes unterschlagen, bis eine Creme entsteht. Crème fraîche und Tomatenmark unterrühren und mit Salz und Pfeffer abschmecken. Das Eiweiß mit einer Prise Salz steif schlagen und unter die Soße heben.

● Die Tomate entkernen und würfeln. Die Würfel vorsichtig mit der Soße mischen und abkühlen lassen.

● Nach dem Backen die Form mit Alufolie abdecken und den Kuchen kalt werden lassen. Anschließend auf eine Platte stürzen und das Backpapier entfernen. Den Kuchen in Scheiben schneiden, mit Kresse garnieren und mit der Tomatensoße servieren.

Pro Portion: 409 kcal, 1704 kJ, 13 g EW, 30 g F, 23 g KH, 171 mg Na, 567 mg K

Nachspeisen

Heidelbeercreme

2 Portionen:

2 Blatt	*Gelatine (weiß)*
120 g	*Heidelbeeren (frisch oder eingemacht)*
120 g	*Joghurt (1,5 % F.)*
¹/₂ TL	*Vanillemarkpulver*
	Zucker oder Süßstoff

● Die Gelatine in kaltes Wasser legen und einige Minuten einweichen lassen.

● Die Heidelbeeren im Mixer fein pürieren, mit dem Joghurt vermischen und mit Vanillemarkpulver und Zucker oder Süßstoff abschmecken.

● Die Gelatine tropfnass in einen kleinen Topf geben und bei geringer Hitze unter ständigem Rühren auflösen. Die Joghurtspeise zu der Gelatine geben und gut verrühren, in Schälchen füllen und im Kühlschrank fest werden lassen.

Pro Portion: 48 kcal, 202 kJ, 3 g EW, 1 g F, 6 g KH, 29 mg Na, 126 mg K

Buttermilchgelee mit Erdbeeren

2 Portionen:

3 Blatt	*Gelatine (weiß)*
160 g	*Erdbeeren*
160 ml	*Buttermilch*
40 ml	*Orangensaft (ohne Zuckerzusatz)*
¹/₂ TL	*Zitronensaft*
	Zucker oder Süßstoff
1 Msp.	*Ingwerpulver*
60 g	*Orangenfilets*

- Die Gelatine in kaltes Wasser legen und einige Minuten einweichen. Die Erdbeeren putzen und waschen, fein pürieren und in die Buttermilch geben. Mit Orangen- und Zitronensaft, Zucker oder Süßstoff und Ingwer abschmecken.

- Die tropfnasse Gelatine in einen kleinen Topf geben und bei geringer Hitze unter ständigem Rühren auflösen. Die Flüssigkeit zu der Gelatine geben und alles gut verrühren. Die Orangenfilets unterheben.

- Gelee in Schälchen füllen und im Kühlschrank fest werden lassen.

Tipp

Statt Erdbeeren kann man auch Himbeeren nehmen. Verrühren Sie 200 ml Buttermilch mit 60 g Himbeermark. Mit Zitronensaft abschmecken und süßen, die aufgelöste Gelatine dazugeben. Zum Schluss 60 g Himbeeren unterheben.

Pro Portion: 82 kcal, 349 kJ, 5 g EW, 1 g F, 12 g KH, 49 mg Na, 327 mg K

Schokoladenquarkcreme mit Kirschen

2 Portionen:

1 Blatt	*Gelatine (weiß)*
6 g	*Kakaopulver*
1 Msp.	*Kaffeepulver*
1–2 EL	*Mineralwasser*
$^1/_2$ TL	*Vanillemarkpulver*
	Zucker oder Süßstoff
100 g	*Speisequark (Magerstufe)*
80 g	*Kirschen*

● Die Gelatine in kaltes Wasser legen und einige Minuten einweichen. Kakao- und Kaffeepulver mit dem Mineralwasser verrühren, mit Vanillemarkpulver und Zucker oder Süßstoff abschmecken und zum Quark geben.

● Die Kirschen klein schneiden. Die tropfnasse Gelatine in einen kleinen Topf geben und bei geringer Hitze unter ständigem Rühren auflösen. Den Quark zur Gelatine geben und gut verrühren. Die Kirschen unterheben.

● Die Creme in Gläser füllen und im Kühlschrank fest werden lassen.

Pro Portion: 46 kcal, 194 kJ, 8 g EW, 1 g F, 2 g KH, 26 mg Na, 108 mg K

Früchtereis

2 Portionen:

30 g	Reis
120 ml	Milch (1,5 % Fett)
60 g	Himbeeren (frisch oder gefroren)
60 g	Birne
60 g	Apfel
60 g	Speisequark (Magerstufe)
1 Msp.	Zimt
	Zucker oder Süßstoff

● Den Reis in der Milch garen und abkühlen lassen. Die Himbeeren fein pürieren.

● Birne und Apfel schälen, in feine Würfel schneiden und zu dem abgekühlten Reis geben. Den Quark unterheben und mit Zimt und Zucker oder Süßstoff abschmecken. In Schälchen füllen und mit den pürierten Himbeeren servieren.

Pro Portion: 143 kcal, 605 kJ, 8 g EW, 2 g F, 24 g KH, 43 mg Na, 270 mg K

Birne mit Schokoladensoße

2 Portionen:

1 Blatt	Gelatine
160 g	Birne (frisch oder eingemacht)
6 g	Kakaopulver
1 Msp.	Kaffeepulver
1 Msp.	Zimt
	Zucker oder Süßstoff
120 ml	Milch (1,5 % Fett)

● Die Gelatine in kaltes Wasser legen und einige Minuten einweichen. Die Birne auf einen Dessertteller geben. Kakao- und Kaffeepulver mit der Milch verrühren und mit Zimt und Zucker oder Süßstoff abschmecken.

● Die Gelatine tropfnass in einen kleinen Topf geben und bei geringer Hitze unter ständigem Rühren auflösen. Die Milch zu der Gelatine geben, gut verrühren und über die Birne geben.

Pro Portion: 84 kcal, 355 kJ, 4 g EW, 2 g F, 13 g KH, 31 mg Na, 251 mg K

Gefüllter Pfirsich

2 Portionen:

200 g	Pfirsich (frisch oder eingemacht)
160 g	Speisequark (Magerstufe)
20 ml	Kirschsaft (ungezuckert)
1–2 EL	Mineralwasser
$\frac{1}{2}$ TL	Vanillemarkpulver
	Zucker oder Süßstoff
3–4 Blättchen	Zitronenmelisse

● Verwendet man frische Pfirsiche, die Früchte waschen, halbieren und entkernen. Die Hälften auf einen Teller geben. Den Quark mit Kirschsaft und Mineralwasser verrühren, mit Vanillemarkpulver und Zucker oder Süßstoff abschmecken.

● Die Quarkmasse in einen Spritzbeutel geben und die Pfirsichhälten füllen und verzieren. Zum Schluss ein paar dekorative Farbtupfer mit der Zitronenmelisse setzen.

Pro Portion: 100 kcal, 426 kJ, 11 g EW, 0 g F, 13 g KH, 38 mg Na, 301 mg K

Brombeercreme

2 Portionen:

2 Blatt	Gelatine (weiß)
120 g	Brombeeren
120 g	Joghurt (1,5 % F.)
$\frac{1}{2}$ TL	Zitronensaft
	Zucker oder Süßstoff

● Die Gelatine in kaltem Wasser einweichen. Die Brombeeren fein pürieren und mit dem Joghurt kräftig verrühren. Mit Zitronensaft und Zucker oder Süßstoff abschmecken.

● Die tropfnasse Gelatine bei geringer Hitze unter ständigem Rühren auflösen. Den Joghurt mit den Brombeeren zu der Gelatine geben und gut vermischen. Im Kühlschrank fest werden lassen.

Pro Portion: 60 kcal, 255 kJ, 4 g EW, 2 g F, 7 g KH, 29 mg Na, 206 mg K

Erdbeercreme

2 Portionen:

120 g	Erdbeeren (frisch oder gefroren)
120 g	Joghurt (1,5 % F.)
	Zucker oder Süßstoff
$\frac{1}{2}$ TL	Zitronensaft
2 Blatt	Gelatine

● Die Erdbeeren pürieren und mit dem Joghurt vermischen. Mit Zucker oder Süßstoff und Zitronensaft abschmecken.

● Die eingeweichte Gelatine bei geringer Hitze unter ständigem Rühren auflösen und zu dem Joghurt geben. Die Creme zum Festwerden in den Kühlschrank stellen.

Pro Portion: 53 kcal, 225 kJ, 4 g EW, 1 g F, 7 g KH, 29 mg Na, 182 mg K

Beeren mit Vanillejoghurt

2 Portionen:

je 60 g	*Himbeeren, Heidelbeeren und Johannisbeeren (frisch oder gefroren)*
	Zucker oder Süßstoff
120 g	*Joghurt (1,5 % F.)*
¹/₂ TL	*Vanillemarkpulver*

● Die Himbeeren, die Heidelbeeren und die Johannisbeeren vermengen, etwas Zucker oder Süßstoff unterrühren und in ein Glas füllen.

● Den Joghurt mit Vanillepulver und Süßstoff abschmecken und darüber verteilen.

Pro Portion: 61 kcal, 258 kJ, 3 g EW, 1 g F, 8 g KH, 28 mg Na, 233 mg K

Kefir mit Johannisbeeren

2 Portionen:

120 g	*Kefir (1,5 % F.)*
¹/₂ TL	*Vanillemarkpulver*
	Zucker oder Süßstoff
50 g	*rote Johannisbeeren*
50 g	*schwarze Johannisbeeren*

● Den Kefir mit Vanillemarkpulver und Zucker oder Süßstoff abschmecken. Ein paar Johannisbeeren zur Dekoration zurücklassen, die restlichen zum Kefir geben und alles gut verrühren. In Schälchen füllen, mit roten und schwarzen Beeren garnieren.

Pro Portion: 44 kcal, 187 kJ, 3 g EW, 1 g F, 5 g KH, 31 mg Na, 228 mg K

Backwaren

Möhrenvollkorntorte mit Kirschen

Springform (24 cm Ø): 12 Stücke

100 g	Margarine
60 g	Zucker
2	Eier
140 g	Weizenmehl (Type 1050)
1 TL	Kakao
1 TL	Backpulver
150 g	Möhren
3 EL	Wasser
150 g	Sauerkirschen (entsteint)

● Die Margarine schaumig rühren und dabei den Zucker einrieseln lassen.

● Die Eier trennen. Das Eiweiß steif schlagen und beiseite stellen. Die Eigelbe unter die Zuckermasse rühren.

● Das Weizenmehl mit dem Kakao- und Backpulver mischen und löffelweise zur Eigelb-Zucker-Mischung geben.

● Die Möhren fein raspeln und mit dem Wasser unter den Teig rühren. Den Eischnee dazugeben und vorsichtig unterheben.

● Den Teig in eine mit Backpapier ausgelegte Springform (24 cm Ø) geben. Die Sauerkirschen auf dem Teig verteilen.

● Im vorgeheizten Backofen bei 175 °C etwa 30 Minuten backen.

● Die Torte in 12 gleiche Stücke schneiden.

Tipp

Außerhalb der Kirschenzeit können Sie auch abgetropfte Kirschen aus dem Glas verwenden.

Pro Stück: 144 kcal, 603 kJ, 3 g EW, 8 g F, 15 g KH, 59 mg Na, 106 mg K

Mandel-Kirsch-Torte

Springform (24 cm Ø): 12 Stücke

50 g	Margarine
50 g	Zucker
1	Ei
100 g	Weizenmehl (Type 1050)
1 $^1/_2$ TL	Backpulver (gestrichen)
5 g	Kakao
50 g	Mandeln (gemahlen)
60 ml	Mineralwasser
300 g	Sauerkirschen, entsteint (frisch oder eingemacht)
10 g	Mandelsplittern

● Die Margarine mit dem Zucker schaumig rühren. Das Ei hinzufügen. die Masse so lange schlagen, bis sie weiß wird und der Zucker vollständig aufgelöst ist.

● Das Weizenmehl, das Backpulver und den Kakao mischen und in die Ei-Zucker-Mischung rühren. Die gemahlenen Mandeln und das Mineralwasser unterheben.

● Den Teig in eine gefettete Springform (24 cm Ø) geben und glattstreichen.

● Die Sauerkirschen auf dem Teig verteilen und mit den Mandelsplittern bestreuen.

● Im vorgeheizten Backofen bei 180 °C etwa 50 Minuten backen.

● Den Kuchen in 12 gleiche Stücke schneiden.

Pro Stück: 126 kcal, 526 kJ, 3 g EW, 6 g F, 14 g KH, 59 mg Na, 108 mg K

Joghurtkuchen

Kastenform (30 cm Ø): 20 Stücke

100 g	Joghurt (1,5 % F.)
80 g	Öl
80 g	Zucker
2	Eier
1	unbehandelte Zitrone (Saft und abgeriebene Schale)
50 g	Zartbitter-Schokolade
100 g	Weizenmehl (Type 405)
100 g	Weizenmehl (Type 1050)
3 TL	Backpulver (gestrichen)

● Den Joghurt, das Öl, den Zucker, die Eier, den Zitronensaft und die abgeriebene Zitronenschale in eine Schüssel geben und mit einem Schneebesen gut verrühren.

● Die Schokolade in feine Stücke schneiden oder fein raspeln und zur Joghurtmasse geben.

● Das Mehl mit dem Backpulver mischen und mit der Joghurtmasse verrühren. Den Teig in eine mit Backpapier ausgelegte Kastenform (30 cm lang) füllen.

● Im vorgeheizten Backofen auf der mittleren Schiene bei 180 °C etwa 45–55 Minuten backen.

● Den Kuchen in 20 gleiche Stücke schneiden.

Pro Stück: 108 kcal, 453 kJ, 2 g EW, 6 g F, 12 g KH, 64 mg Na, 51 mg K

Käsekuchen „Elli"

Springform (26 cm Ø): 12 Stücke

50 g	Margarine
100 g	Zucker
2	Eier
500 g	Speisequark (Magerstufe)
1	unbehandelte Zitrone (saft und abgeriebene Schale)
1 Packung	Vanillesoßenpulver
200 g	Äpfel (geschält und entkernt)

- Die Margarine, den Zucker mit den Eiern und dem Magerquark mit den Quirlhaken eines Handerührgeräts verrühren.

- Den Zitronensaft, die abgeriebene Zitronenschale und das Vanillesoßenpulver dazugeben und mit dem Handrührgerät auf mittlerer Stufe in etwa 3 Minuten zu einem glatten Teig verrühren. Die Äpfel klein schneiden und locker unterheben.

- Im vorgeheizten Backofen bei etwa 200 °C etwa 60 Minuten backen.

- Den Kuchen in 12 gleiche Stücke schneiden.

Tipp
Reichen Sie den Käsekuchen mit etwas Puderzucker bestäubt.

Pro Stück: 123 kcal, 518 kJ, 7 g EW, 5 g F, 14 g KH, 41 mg Na, 81 mg K

Versunkener Apfelkuchen

Kastenform (25 cm): 8 Stücke

2	Eier
50 g	Zucker oder Süßstoff
35 g	Weizenmehl (Type 405)
35 g	Weizenmehl (Type 1050)
1 TL	Backpulver (gestrichen)
200 g	Äpfel (geschält und entkernt)
	abgeriebene Schale von 1 unbehandelten Zitrone

- Die Eier und den Zucker mit den Quirlhaken eines Handrührgeräts schaumig rühren.

- Das Mehl mit Backpulver mischen und vorsichtig unter die Ei-Zucker-Mischung heben. Die Äpfel klein schneiden und mit der abgeriebenen Schale der Zitrone locker unter den Teig heben.

- Den Teig in eine mit Backpapier ausgelegte Kastenform (Länge 25 cm) füllen.

- Im vorgeheizten Backofen bei 180 °C etwa 20–25 Minuten backen.

- Den Kuchen in 8 gleiche Stücke schneiden.

Pro Stück: 87 kcal, 368 kJ, 3 g EW, 2 g F, 15 g KH, 65 mg Na, 70 mg K

Kerniges Schrotbrot

1 Laib:

175 g	Weizenmehl (Type 1700)
175 g	Weizenmehl (Type 1050)
150 g	Roggenvollkornschrot
1 $\frac{1}{2}$ TL	Kräutersalz
$\frac{1}{2}$ TL	Thymian
20 g	Hefe
300 g	Joghurt (1,5 % F.)
75 ml	lauwarmes Wasser
40 g	Magarine (zerlassen)
50 g	Sonnenblumenkerne
50 g	Kürbiskerne

● Das Weizenmehl, den Roggenvollkornschrot, das Kräutersalz und den Thymian in einer Rührschüssel mischen. Die Hefe mit dem Joghurt, dem lauwarmen Wasser und der zerlassenen Margarine verrühren und zur Mehlmischung geben. Die Schüssel abdecken, warm stellen und 15–20 Minuten gehen lassen.

● Die Sonnenblumen- und die Kürbiskerne grob hacken und in den Teig geben. Den Teig gut durchkneten, zu einem Laib formen und in eine gemehlte Schüssel legen. Anschließend an einem warmen Ort gut aufgehen lassen (40–60 Minuten).

● Den Brotteig auf ein mit Backpapier ausgelegtes Backblech stürzen. Den Teig vor und nach dem Backen mit Wasser bestreichen.

● Im vorgeheizten Backofen bei 225 °C etwa 10 Minuten backen. Dann die Hitze auf 200 °C reduzieren und in etwa 40 Minuten fertig backen.

Pro Scheibe à 30 g: 89 kcal, 374 kJ, 3 g EW, 3 g F, 12 g KH, 92 mg Na, 93 mg K

Kräuterbrot

1 Laib:

40 g	Hefe
1 TL	Zucker
etwas	lauwarmes Wasser
75 g	Fertigsauerteig
2 TL	Salz
4 EL	kaltgepresstes Öl
6 EL	fein gehackte Kräuter (z. B. Petersilie, Dill, Schnittlauch)
875 g	Weizenbackschrot (Type 1700)
150 g	Buchweizenmehl
600 ml	Wasser

- Die Hefe und den Zucker mit etwas lauwarmem Wasser in einer Schüssel verrühren. Den Fertigsauerteig, das Salz, das Öl und die fein gehackten Kräuter dazugeben.

- Das Weizenbackschrot, das Buchweizenmehl und das Wasser dem Teig abwechselnd hinzufügen. Den Teig am besten mit den Knethaken der Küchenmaschine geschmeidig weich kneten.

- Zu einer Kugel formen und in einer bemehlten Schüssel mit einem Tuch abgedeckt gut gehen lassen (40-60 Minuten). Den Teig vor und nach dem Backen mit Wasser bestreichen.

- Im vorgeheizten Backofen bei 225 °C etwa 10 Minuten backen. Dann die Hitze auf 200°C reduzieren und in etwa 40 Minuten fertig backen.

Pro Scheibe à 30 g: 68 kcal, 287 kJ, 2 g EW, 1 g F, 12 g KH, 75 mg Na, 79 mg K

Käsebrötchen

32 Brötchen:

35 g	Hefe
1 TL	Zucker (5 g)
250 ml	lauwarme Milch (1,5 % F.)
2	Eier
225 g	Weizenmehl (Type 405)
225 g	Weizenmehl (Type 1050)
125 g	Margarine (weich)
1 TL	Salz (5 g)
120 g	Käse (30 % F. i. Tr.)
1	Eigelb
1 EL	Wasser
30 g	Käse (30 % F. i. Tr.)

● Die Hefe in eine Rührschüssel bröckeln, mit dem Zucker verrühren und dann nach und nach die lauwarme Milch, die Eier, das Mehl, die Margarine und das Salz zufügen.

● Den Käse fein würfeln, hinzugeben und alle Zutaten gut durchkneten. Den Teig zugedeckt warm stellen und 15–20 Minuten gehen lassen, anschließend nochmals kurz durchkneten.

● Den Teig in 32 Kugeln formen. Die Kugeln auf ein mit Backpapier ausgelegtes Backblech legen, über Kreuz einschneiden und nochmals kurz gehen lassen.

● Das Eigelb mit dem Wasser verquirlen und die Brötchen damit bestreichen. Den Käse fein würfeln und auf die Brötchen streuen.

● Im vorgeheizten Backofen bei 200 °C etwa 20 Minuten backen.

Pro Stück: 97 kcal, 407 kJ, 4 g EW, 5 g F, 10 g KH, 112 mg Na, 58 mg K

Register